非智力教育

卢绪文　王慧娟　著

中国原子能出版社

图书在版编目（CIP）数据

非智力教育 / 卢绪文，王慧娟著. -- 北京：中国原子能出版社，2019.10
ISBN 978-7-5221-0075-3

Ⅰ. ①非… Ⅱ. ①卢… ②王… Ⅲ. ①儿童教育－家庭教育 Ⅳ. ①G782

中国版本图书馆CIP数据核字(2019)第219112号

非智力教育

出版发行	中国原子能出版社（北京市海淀区阜成路43号 100048）
责任编辑	左浚茹
装帧设计	胡椒设计
责任印制	潘玉玲
印　　刷	北京时捷印刷有限公司
经　　销	全国新华书店
开　　本	787mm×1092 mm　1/16
印　　张	13
字　　数	136千字
版　　次	2019年10月第1版　2019年10月第1次印刷
书　　号	ISBN 978-7-5221-0075-3　定　价　45.00元

网址：http://www.aep.com.cn　E-mail：atomep123@126.com

前 言

PREFACE

望子成龙，望女成凤，中国人对孩子学习的关心是举世闻名的。为孩子报各种价格不菲的课外辅导班，为了孩子上一个好学校而四处求人，甚至舍弃自己的工作为孩子伴读，借钱也要送孩子出国留学。甚至是，不陪写作业，母慈子孝；一陪写作业，鸡飞狗跳。

然而，学习是父母应该关注的全部吗？父母们的良苦用心，一定会换来孩子的成功与幸福吗？

学习的重要性毋庸置疑。但是，健康与生命等人生最基础的保障，同样不容疏忽。

低头发个朋友圈，孩子不见了；拌了几句嘴，孩子跳楼了；毕业论文没通过，孩子自杀了。这样的事情尽管是小概率事件，但一旦发生，就是家庭不可承受之痛。

在孩子的成长道路上，不仅需要智力教育，也需要非智力教育。因为学习好不等于未来的成功，世俗的成功也不完全等于幸福。

望子成龙，望女成凤没错，但首先要成人，成为一个健康的人。如果成功没有健康作为基础，这样的成功是脆弱的；如果能力没有正义陪伴，这样的能力是可怕的。

因此，必须让非智力教育陪伴知识教育，让家庭教育成为学校教育的必要补充。

那么，什么是非智力教育？

非智力教育并非是对智力教育的否定，而是对智力教育的补充。接受非智力教育，拥有良好的非智力因素，也会有助于智力教育。

本书认为，非智力教育是相对于以学校为实施主体的智力教育而言，以未成年人为主要教育对象，以生命教育、情商教育、逆商教育、财商教育等为教育内容，以培养心智健全的人才为目标，最终形成家庭教育与学校教育、社会教育互相支持的局面。

那么，非智力教育由谁负责呢？

非智力教育主要由父母负责。虽然学校有着教书育人的职责，老师们也都非常负责，但毕竟老师面对的学生很多，且还有学习考试的压力，因此需要父母来负起非智力教育的主责（并不否认学校应尽的责任）。

蒙台梭利说过：“我们对儿童所做的一切，都会开花结果。不但影响他的一生，也决定他的一生。”

然而，遗憾的是，绝大部分家长，对于非智力教育并不擅长。生活中，我们不难发现这样的家长：只关心学习不问其他；对孩子不管不问，认为“树大自然直”；过分关心包办一切；过分严厉信奉“棍棒之下出孝子”；不切实际地要求孩子，把自己的愿望转嫁到孩子的身上；自己成功了孩子却问题成堆；认为孩子是自己的，剥夺孩子的独立性；思想僵化无法与孩子有效沟通。

我们经常教育孩子，要感谢父母的养育之恩。问题是作为父母，你“育”了吗？生和养是容易的，育是需要学习的。

卢梭认为：“孩子生而为孩子，但父母却并非生而为父母。”

父母，也是一个需要学习的职业。

做父母，不仅需要关心孩子的学习，更需要关心孩子的成长；不仅需要对子女的爱，更需要足够的教养和知识。

如此，才能让孩子有能力保护自己，不要还没来得及绽放，就过早凋零；让孩子学会与人交往，既让自己舒服，又让别人愉悦；让孩子以平常心面对失败，低谷中有能力反弹，才能迎来人生的顶峰；让孩子正确看待金钱，不被金钱绑架，做财富的主人；

为人父母，职责在身；

为了孩子，请从现在开始学习、关注非智力教育，做合格的父母。

目 录

CONTENTS

第五章　财商教育，做财富的主人

第一章

成龙成凤，首先要成人

人生的第一堂课，从生命教育开始

> 中国人讨论死亡的时候简直就是小学生，因为中国从来没有真正的死亡教育。
>
> ——白岩松

※ 最不可割舍的情结

有人说，中国的父母是最自私、最世俗的人。他们把自己未能实现的愿望强加在孩子身上，把自己想要的生活臆想成孩子未来的模样。孩子的人生被设定为以“步”为单位前进，不容许有任何偏离和滞后。

也有人说，中国的父母是最无私、最可悲的人。他们倾其所有给予孩子最好的，为了孩子，宁愿丢掉自我。一切以孩子为中心，亲子关系更是凌驾于所有关系之上。

但不可否认，中国的父母是世界上最能为孩子付出，望子成才心态最迫切的人。

在我们的传统观念中，孩子是血脉的传承、家庭的希望。孩子长大后出类拔萃、荣归故里，才是光耀门楣的事情。望子成龙、望女成凤是千百年来中国父母的殷切期盼，更是不可割舍的生命情结。

于是，中国的父母成了世界上最操心的人：孩子还没出生，就开始胎教；孩子刚落地，就琢磨上哪个早教班、选哪家幼儿园；孩子前脚进了学前班，马上盘算着让孩子学点儿才艺，小学进哪个重点学校。

等到孩子真正进了小学，孩子和家长一起成了最忙碌、最辛苦的人。除了完成每天学校里老师布置的大量作业，孩子的其他时间都花在了各种课外班上，奥数班、英语班、舞蹈班、钢琴班……家里经济条件更好一些的孩子，还会学冰球、高尔夫球、滑冰、播音主持等。

如果说上班族还可以歇个周六周日，现在的孩子基本全年无休。为了升入重点初中、高中和大学，为了各种才艺考级，孩子一直在路上，不是在学习的路上，就是在去学习的路上。

而父母，不是在等待孩子的路上，就是在接送孩子的路上。

为了孩子成才，中国父母赔上了时间、金钱、健康、感情，甚至婚姻。

但是，我们的家长往往忽略了一个严峻的现实。

※ 未来和意外，哪个先到

2018 年 3 月，在广西百色市的一个县城，一位年轻的母亲牵着两个孩子过马路，其中一个孩子闹脾气，母亲也松开了孩子的手，只顾低头看手机，任由两个孩子在马路上玩耍。几分钟后惨剧发生了，一个孩子被奔驰而过的越野车撞倒，当场死亡。

这不是个案。《中国青少年儿童伤害现状回顾报告》中的数据显示：我国每年死于交通伤害的 14 岁以下儿童高达 18 500 名，死亡率是美国的 2.6 倍，是欧洲国家的 2.5 倍。可以说，交通事故已成青少年的“主要杀手”。

孩子在路上不安全，在车里就完全安全吗？2018 年 7 月，安徽省蚌埠市两个小女孩被锁在汽车内长达 7 个小时，等家人发现时孩子已经闷死了。事实上，别说是 7 个小时，在炎热的夏天，在密闭没有空调的车厢内，短短十几分钟都是非常危险的。

出门在外，危险较多，池塘、扶梯、电梯、小区健身器材都可能是危险高发的地方。2018 年夏天，北京一对双胞胎在青岛沙滩游玩时不慎走失，最终孩子的遗体从水中被打捞上来。据报道，悲剧发生时，孩子的母亲在一旁玩手机，等发完朋友圈发现孩子已经不见了。

即便在家里，也有很多安全隐患。比如用电安全。近几年因触电而导致的儿童安全事故时有发生，一旦触电会造成非死即残的致命后果。2018 年 12 月，一位 14 岁的女孩在洗澡时用“小太阳”取暖，因为浴室湿滑，“小太阳”滑进了浴缸，导致女孩触电当场身亡。

如果说这些算是意外伤害，我们再来看看孩子可能面临的人为伤害。2017 年 12 月，一个 15 岁的女孩被三名舍友打成重伤。内蒙古一个初三年级的男生，因为长期遭受校园暴力最后选择上吊自杀。

再来看看前段时间震惊全国的湖南凤凰县囚禁 16 岁女生的性奴案件。2019 年 2 月，一名 50 岁的单身男子以“搭顺风车”为幌子将女孩绑到阴暗潮湿的地下室，囚禁了长达 24 天，其间用铁链将女孩手脚困住，并实施了多次性侵。

然而，伤害不只来自别人，还有对自己的，对至亲的。2019 年 4 月，上海一个 17 岁男孩与妈妈争吵之后，跳下高架桥当场死亡。北大学霸吴谢宇弑母，一个天才少年策划完美犯罪，举起屠刀砍向了与自己相依为命的母亲。

我们姑且不论这些悲剧背后隐藏的具体原因，仅仅这些花一样的生命的陨落就足以让我们深刻反思。期望总是美好的，憧憬总是闪烁着幸福的光芒。我们总是为孩子筹划美好的未来，却忽略了前提：如何让孩子平安健康地长大。因为只有健康成长，才能让一切变得有意义。

※ 我们欠孩子一堂“生命教育课”

在中国，很多家长忌讳跟孩子谈论死亡。他们认为，对几岁、十几岁的孩子谈论“死亡”没有意义，他们既无法理解，又平添恐惧和烦恼。《西藏生死书》中说：我们是一个没有死亡准备的民族。

反观欧美，死亡教育已经发展得相当成熟，这种教育不仅存在于书籍里，还成为学校的一门学科。在一个美国电影场景中，老师要求家长和学生一起参加死亡教育课，而殡仪馆就是课堂。面对殡仪馆中摆放的黑色棺材，牧师微笑着邀请家长亲身体验。一位妈妈勇敢地举起了手，但是儿子却紧紧扯住妈妈的衣服，不让她去。牧师还是点了她的名。

当肃穆的《寂静之声》响起时，妈妈慢慢地走向棺木。她“最后”看了一眼自己的儿子，然后深吸一口气闭上了眼睛。在棺盖重重落下的一瞬间，男孩撕心裂肺地大哭起来：“妈妈！你快出来！不要丢下我！”几秒钟后，牧师打开棺盖，男孩扑过去紧紧抱着妈妈：“妈妈，你不要离开我，我以后会听话的。”

这样的死亡教育在国外非常普遍。通过死亡教育，引导孩子正确认识死亡。生命有开始，也有结束，死亡是生命必然要经历的过程。

60 名学生闭上眼，静静地躺在学校的操场上，体验“死亡”的感觉。这是上海一所中学心理健康课程中的一项内容，也是一堂“死亡教育课”。半小时后，学生们“重生”，很多人哭了。他们后悔没有听父母的话，没有认真听课，来不及跟好朋友说句对不起。

接受死亡是生命的过程，会让孩子们更加珍爱生命，感恩生命。了解了“死”，才会更珍惜“生”。

接受死亡是生命的过程，不会令孩子们无所畏惧，他们依然恐惧生重病，害怕死亡，面对亲人的离去依然悲伤痛苦。

但是这不是怯懦，是一种对生命的敬畏。

西班牙哲学家费尔南多·萨瓦特尔曾经说过：“认识死亡，才能更好地认识生命。”

仅仅强调升学考试是远远不够的，更重要的是倡导“生命至上”的生命教育，从小培养孩子“尊重生命、敬畏生命、珍爱生命”的意识，并给孩子做好相应的安全教育工作，让孩子在漫长的人生路上平安前行。

关于活着，死亡是最好的老师。

学习好，不等于成功

人世间的一切不平凡，最后都要回归平凡，都要用平凡生活来衡量其价值。伟大、精彩、成功都不算什么，只有把平凡生活真正过好，人生才是圆满。

——周国平

※ 当年的“学霸”还好吗？

前两年有一个电视连续剧挺火的，片名叫《小别离》，剧情直面中国家庭中的亲子关系和应试教育。那句“你今天要是进不了前一百，你就进不了重点高中；进不了重点高中；你也就进不了重点大学；进不了重点大学，就等于是这辈子完了”的台词，把中国家长对分数的重视、对升学的焦虑展现得淋漓尽致。

可是，考高分进重点，就能保证未来一帆风顺、人生辉煌成功了吗？事实上，很多顶尖人才毕业后的表现和大众对他们的期望相差较远。根据中国教育科学研究院做过的一个调查：恢复高考以来的 3300

名高考状元，没有一位成为行业领袖。另外一个调查结果显示：在针对全国 100 位科学家、100 位社会活动家、100 位企业家和 100 位艺术家所做的调查中，除了科学家的成就与学校教育有一定的关系，其他人所获的成就和学校教育没有正相关关系。

如果这些离我们普通人很远，还可以多参加几次同学聚会。有没有发现，很多曾经成绩优异的“学霸”，如今却碌碌无为?

关于这一点，一位在高校教书 40 多年的老师感触很深。他提到自己教过的一个 1998 级的 211 毕业生。我国 1999 年大学扩招，这个学生 1998 年入学，智商水平算得上是同龄人中的佼佼者。她大学期间成绩优秀，毕业后因为不包分配，回到家乡先是找了一份文员工作。后来又换过几份工作，因为待遇不好、人际关系不顺、工作累、压力大等各种原因都做不长久，频繁跳槽。等到了婚嫁年龄，干脆结婚生子做起了家庭主妇。每天除了接送孩子、做家务，就是看电视、逛街。等孩子上了小学，老公想让她找份工作贴补家用，她已经在家待惯了，不想再进职场。夫妻俩为此还闹了不少矛盾。

这样的情况非常普遍。很多当年老师眼中的尖子生、父母口中“别人家的孩子”，现在却庸庸碌碌，顶着房贷车贷的巨大压力，不敢辞职，不敢生病。工作成了谋生的工具，早已没有乐趣可言。曾经的梦想，成了诗和远方。

为什么这和我们想象中的结局不一样?

因为高分不是一切，重点大学考上与否决定不了人生。

事实上，大学毕业进入社会，人生才刚刚开始。

职场看中成绩和学历，但是更注重综合素质。单纯“考高分”的学霸，往往并不具备职场所需要的精英素质。

即便是大众眼中的职场精英，也在进行自我反思，期待改变。

※ 你艳羡的光鲜并不真实

朋友的女儿多年前考上了哈佛大学，现在任职一家顶级的IT公司，亲朋好友都非常羡慕，还让自家的孩子以她为榜样。一次聚会遇到这位“传说中的学霸”，聊起这个事情，她很平静，甚至有些无奈。她说，真实的情况并非大家想象的那样。

从小到大，不论在国内还是国外，她的成绩都是名列前茅，即使是在精英云集的哈佛。但是毕业后，她成了表现最普通的人。如今虽然身在世界顶级公司，她笑称自己不过是一个高级打工仔。毕业10年聚会，很多人混得风生水起。创业的当了CEO，身价千万；有的把公司运作到一定阶段，直接把概念或者业务卖给大公司，再重新组建公司，现在已是亿万富翁；从政的当了州议员，前途光明；进入法律界的成了金牌律师，行业翘楚。

和他们比起来，自己无论是财富累积，还是专业表现，都不值一提。

这些年，她也一直在思考这个问题。她发现，自己的经历在华裔家庭的孩子中非常普遍。上学时学业优异，智力超群，工作时规规矩矩，虽任职知名公司，但工作乏善可陈。

在中国父母眼里，教育的目的就是培养孩子上名牌大学。家长只盯着成绩，而成绩之外的素质培养都被忽视了。比如，孩子对自我的认同感、对新鲜事物的好奇心、面对困难的乐观精神、与人的沟通能力、独立能力、冒险精神等，在这些方面华人的孩子普遍欠缺。

她还特意提到一件事情。毕业时，她曾到一家创业公司应聘，公司初建急需人才，面试人力邀她加入。尽管捕捉到了这个领域未来有很大的前景，导师也看好这家公司，但是从小到大平顺的经历让她养成了凡事求稳的性格。她还是选择了一家当时已经非常知名的大公司。本以为做了一个正确的选择，结果却被狠狠打脸了。如果她当时留下来，现在已经成了千万富翁。这家创业公司后来大家都知道了，就是谷歌。

人生更像一场马拉松，想取得成功，必须注重综合素质的全面培养。人生关键就那么几步，但在关键时候做出正确选择，靠的是一个人的勇气、决断力、冒险精神和积极乐观。过于谨小慎微，凡事追求完美，往往错失机会。就像这个学霸，她甚至不敢赌一把，尽管当时她才 25 岁。

这种影响不仅表现在职场上，更体现在生活中。虽然现在收入很高，但是她发现自己甚至不会花钱。由于从小把所有时间都花在学习上，导致她几乎没有任何兴趣爱好。看到其他人生活过得丰富多彩，她才发现自己是一个乏味、无趣的人。“玩”，听起来多么容易，对于一个任职名牌公司的职场精英，成了一件天大的难事。

她说自己不善于跟人打交道，说话简单直接，做事力求简单明了，特别注重效率，但是在生活中跟人相处时，这些并不是优点。她不会做家务，家里总是乱七八糟，所以特别羡慕那些把家里收拾得井井有条，又充满生活情趣的女性。

当学生时代的光环褪去，当经历了更多人生起伏，当有了家庭和孩子，她终于明白：人生的努力终将归于平淡，从生活中获取幸福与快乐的能力，才是最重要的。不可否认，有个别孩子得到了上天的眷顾，但也不能忽略了培养他们过平凡日子的能力。如果只是为了追求虚无缥缈的梦想，失去了享受生活和幸福的能力，这些辛苦又有什么意义？

她说：“我不会再让我的孩子变成像我这样的人。”

※ “后进”到“后劲”的逆袭

时间是感情的检验棒，也是教育的试金石。与“学霸”形成鲜明对比的是，曾经那些成绩并不突出的学生，甚至后进生，当他们踏入社会后，却表现亮眼。

一次行业聚会，一个同行提到他的小学同学。上学时打架斗殴，喜欢搞恶作剧，上课睡觉，考试不及格，还顶撞老师，最后被学校劝退了。他跟着村里的大人们到了深圳，在工厂流水线工作，工资很低，虽然不想干，但是也没办法。好在他动手能力强，喜欢拆装机器，没事的时候就研究机床，倒成了机床能手，当上了机床操作员，不久后又升任生产线的线长。一次和车间领导陪客户喝酒，因为酒量好，会说话，他还帮厂里签了一笔大单。

再后来，他当上了班长、车间主任，责任越来越重，资源也越来越多，最后干脆出来单干，自己开了工厂。就用了几年工夫，这个曾经是老师眼中的坏孩子把一个 10 来人的小作坊发展到现在 100 多人的大厂子，年销售额达几千万元。

这不是故事。

其实我们每个人身边都有这样的逆袭故事。当然，不是所有后进生都能逆袭当老板，也不是所有学霸都会跌落神坛。在“唯成绩论”的校园，高分学生“称王称霸”，家长骄傲，老师爱惜，同学羡慕。学生时代他们一直活在赞美和表扬里，毕业后进光鲜体面的大公司，排斥有风险会失败的机会，总怕丢了面子，过于患得患失。他们习惯被老师和家长安排好一切，缺乏独立自主的能力和广泛的兴趣爱好，高傲的背后其实掩藏着一颗自卑敏感的心。

相比较而言，后进生从小习惯了被打击，他们低得下面子，放得下身段，不拘泥于考试成绩，所以发展全面、爱好广泛，有主见，会思考，这样的人只要踏踏实实做事，努力打拼，反而更容易取得成绩。

所谓的“差”并不是真的差，而是在分数大于一切的环境中的“差”；

所谓的“霸”，也不是无所不能，更多是一种智商高的体现。但是职场不是学校，工作不是考试。身在职场，除了专业的职业技能，还需要具有足够的软实力和生存智慧，而这些正是“后进生逆袭成功，学霸跌落神坛”的原因。

平凡是常态，不平庸是姿态

> 不要光赞美高耸的东西，平原和丘陵也一样不朽。
>
> ——菲·贝利

※ 不是所有人都能进清华北大

去年，一篇标题为《我的儿子是学渣》的文章刷爆了朋友圈。“985”博士的爸爸和“985”硕士的妈妈在最佳生育年龄生下了儿子，本以为孩子继承了两人的优秀基因，却被孩子上学后的成绩无情打脸：每次考试孩子都是班里的小尾巴。最后妈妈无奈承认：“有的人真的天生适合读书，有的人并不适合。”

仔细想想，学霸妈妈笔下的“儿子”，不正是很多家庭里的普通孩子吗?

他们每天按时上学放学，熬夜才能完成作业，积极参加辅导班、兴趣班、补习班、一对一家教，寒暑假也不闲着，却依然成绩平平。

其实科学研究早已证明，人的智商差异是客观存在的。有的人智商高，有的人智商低。不是每个孩子都能进清华北大。但是承认个体差异，承认自己的孩子不如别的孩子聪明，对中国父母来说是一件极其困难的事情。在中国传统教育中，即便意识到孩子智商不足，父母也会排除万难，同时激励孩子：有志者事竟成。结果孩子在回报与付出的巨大落差中，失望、迷茫、疲惫，甚至绝望。

2018 年 4 月，河南一名高三女生从教学楼 5 楼跳楼。女孩本来性格开朗，爱好广泛，特别喜欢跳舞。她学习中等，高一、高二时，每天早上 5 点起床，跑 1000 多米，晚上 10 点下晚自习，但是学习上开始感觉有些力不从心。升入高三，学校改了作息时间，把晚自习下课时间延长到了晚上 11 点，中午不让进寝室休息。慢慢地，女孩发现自己反应变得很慢，还经常头晕头痛，白天昏昏沉沉，晚上还失眠，成绩也越来越不理想。周末回到家里，父母也是不断地给她施加压力，叮嘱她一定要努力考上好大学。

就这样坚持着，高三下学期开学后，又考试了两次，第一次她的成绩退到了年级第 150 名。第二次考试退到了全年级第 188 名。女孩越来越心灰意冷，自己努力了，就是考不好。她觉得对不起父母，对不起老师，更不知道自己的未来在哪里。她想了很多，后来想不动了，只想赶快解脱。

幸运的是，经过医院全力抢救，女孩的命保住了，但是脊椎粉碎，双腿致残。当妈妈鼓励她说“好好养病，身体养好了，明年再考”时，女孩变得异常烦躁，她哭着喊：“妈妈，我宁愿是个差生，我宁愿是个笨人。”

现实中，类似这样的学生自杀事件并不少见。2018 年 2 月，湖南省常德市两名高一男生因“不堪学习压力”从宿舍楼坠楼身亡。同年 9 月，陕西高一女生因为学习压力太大自杀身亡。

笨鸟要先飞。但是如果它根本不是一只鸟，而是一只鸡，没有飞的能力。你还这样教育它，训练它，它的结局也许会很惨：被摔得很惨，甚至被摔死。从一开始就注定了失败的豪赌，是很多悲剧的开始。尽管飞鸟可以翱翔天际，让人仰望，但是鸡同样是这个世界的一道绚丽的风景，它们斑斓的羽毛也能闪耀夺目。

俄国作家契诃夫说：“世界上有大狗，也有小狗。小狗不该因为大狗的存在而心慌意乱。所有的狗都应当叫……就让他们各自用上帝给它的声音叫好了。”

※ 将心比心，接纳孩子的平凡

父母期待孩子出类拔萃，一方面源于望子成龙的迫切心态，希望孩子有美好的未来；另一方面也在弥补自我的缺憾。因为自己上学时成绩不好，希望自己的孩子学业优秀，也算圆满了自己。可是，父母都不擅长的事情，又有什么理由苛求孩子？

在这方面，台湾著名作家吴念真的做法值得很多父母思考。他的儿子数学一直是弱项。有一次成绩出来，分数依然很低。

孩子回到家把成绩拿给妈妈看，妈妈大发雷霆。

吴念真赶紧把太太拉到一边，低声问：“你上学的时候，数学好不好？”

太太回答道：“不好！”

吴念真说：“我大学联考数学才考了10分。”

太太瞬间明白了丈夫的意思，经过认真而严肃的沟通后，两人得出一个结论：自己都做不到的事情，就不要为难孩子了。

很多时候，孩子不是不想学，不努力学，而是真的不擅长。就像为人父母，很多事情我们也曾辛苦付出，结果差强人意，因为能力真的不够。自己万般努力都不能成为人中龙凤，又为何要勉强孩子？

在《亲爱的安德烈》一书中，龙应台21岁的儿子对她说：“妈，你要清楚接受一个事实，就是你有一个极其平庸的儿子。我几乎可以确定我不太可能有爸爸的成就，更不可能有你的成就。我可能会变成一个很普通的人，有很普通的学历，很普通的职业，不太有钱，也没有名。”

且不说这个当年21岁的年轻人现在怎样，是不是真的做普通的工作，过普通的日子。他接纳真实的自己，哪怕自己是一个很普通的人。从这一点来说，龙应台的教育是成功的。更多的孩子没有这样的意识。他们对自己的认知来自父母，对自己的期望也来自父母。父母的高压政策和虚幻鼓励，会给孩子营造一个假象：只要努力，我就无所不能。

事实上，身为父母，自己又何曾真的无所不能？孩子当然也不会无所不能。

对孩子最伟大的爱，是接受。认识到孩子没有过人的天分，接纳他们的普通和平凡，甚至有些笨拙，就像接纳不完美的自己。只有这样，父母才能理解孩子。正确认识孩子，在教育上和自己和解，也帮助孩子跟自己和解。

更重要的是，孩子对自己有了更客观的认识和更准确的定位，才会更快乐、更从容，才更有可能成功。

※ 把普通做到极致，成就自己

人最终是靠特长在社会立足。包容孩子的弱势，从强求孩子成龙成凤的心理中解脱出来，不对孩子抱以超过他们能力的期待；帮助孩子发现自己的优势并加以鼓励和培养，让孩子做回自己，并找到真正适合自己的路。现实中一些孩子学习成绩不好，当家长放弃了让孩子进重点高中、名牌大学的要求，鼓励他们选择合适的院校，比如中专、高职时，孩子反而如鱼得水，很快成才。2018 年由团中央主办的第六期优秀中职毕业生全国校园分享团巡回活动中，中职毕业代表王伟就是一个很好的典范。

2008 年，中职毕业的王伟进入广州富力君悦酒店，成为自助餐厅的一名初级厨师。良好的敬业精神和对客户的贴心服务，让他在工作中迅速脱颖而出。一次，一位荷兰客人想把酒店里使用的面酱带给家人，但是酱汁是酒店厨师调制的，在外面买不到，客人很失望。王伟决定帮客人实现愿望，他利用休息时间买齐材料自制了面酱，当作礼物送给了客人。客人非常感动，特意给酒店写信称赞了王伟。王伟的服务事迹被美国总部发表在全球各大酒店，他也成为第一个受到美国总部书面表扬的员工。

后来，王伟被调到新加坡工作，意识到自己在专业知识上的匮乏，他报考了英国曼彻斯特商学院新加坡分校的酒店管理专业。每天凌晨 4 点工作到下午 5 点，然后从晚上 6 点到 10 点半上课。将近 2 年，他每天只睡 4 个小时。付出得到了回报，王伟顺利毕业，由于在工作上的出色表现，他成功转型到管理岗位。

王伟做过海口威斯汀酒店集团最年轻的经理，当过海口旅游职业学校的特聘老师，现在是万豪集团“万礼豪程”项目最年轻的嘉宾讲师。从普通的中职生到优秀的酒店管理人员，王伟每一步都走得扎扎实实，他勇于挑战自己，愿意辛苦付出，最终找到了适合自己的路，在普通的工作中成就了自己。

教育不是如狼似虎的奔跑，而是静待花开。人生是一场漫长而丰盈的旅程，不要急于做一时的片面的评价。即便孩子生来平凡，做普通的工作，过平凡的日子。但是把普通的工作做到极致，让平凡的人生不平庸，本身就是一种成功。

做孩子行走的教科书

你希望孩子成为什么样的人，你就去做一个什么样的人。

——董卿

※ 父母是孩子的镜子，孩子是父母的影子

《伊索寓言》中有一个太阳和北风的故事。它们争论谁的能量更大。最后决定，谁能让行人脱下衣服，谁就胜利了。北风猛烈地刮，可是风越大，行人的衣服裹得越紧，有人被冻得瑟瑟发抖，还添了衣服。北风累了，太阳登场了。它先是把温暖的阳光洒向大地，人们蜷缩的身体舒展了，接着太阳用烈日照射大地，人们汗流浃背，他们不仅脱光了衣服，还跳到河里洗澡。这个故事启示我们：强迫会遭到反抗，用温和的方式营造一种舒适的氛围，让对方心底生发出改变的种子，才能让改变自然发生。同样地，对孩子实行强制性管理往往很难奏效，真正能激发孩子改变的是父母的影响。

奥地利社会哲学家鲁道夫·斯坦纳在《童年的王国》一书中提到：孩子在7岁前实际上是一个观察者，具有很强的可塑性。孩子出生后，接触最多的是父母。父母犹如一面镜子，是他们观察和模仿的对象。通过模仿、学习和耳濡目染，孩子最终会成为和父母一样的人。

美国有两大家族都很有名，一个是爱德华家族，另一个是珠克家族，两者都已经传到了第八代。老爱德华是个博学多才的哲学家，为人严谨勤勉。他的子孙中有13位大学校长、100位教授、80多位文学家、60多位医生，1人当过大使，20多人当过议员。

老珠克是酒鬼和赌徒。他的子孙中有300多人当过乞丐和流浪者，7人是杀人犯，60多人干过诈骗和偷盗，400多人因酗酒致残或者夭亡。

家族的历史说明，父母对孩子有多么大的影响！孩子像涓涓流水，活泼而欢快，父母把他们导向哪里，他们就会流向哪里；孩子也像纯净的土壤，播撒上阳光的种子就会收获乐观；播撒上开心的种子就会收获欢笑；播撒上独立的种子就会收获坚强；播撒上信念的种子就会收获力量！

所以，父母是孩子最好的榜样。可是很多父母不明白这个道理，在教育问题上会表现出典型的言行不一。

父母宁愿玩游戏也不看书，却要求孩子：有时间一定多读书！

父母刚训斥孩子“别玩手机了，好好写作业”，扭头就开始刷手机，追电视剧。

父母每天唠叨孩子：“你一定要好好学习，将来才能有出息。”

自己却浑浑噩噩，上班混日子。

就像有个笑话说的，有一种鸟不会飞，下个蛋孵出小鸟，却对小鸟说："快飞！快飞！"一只从来没有见过妈妈飞的小鸟，如何飞翔？就像一个没有见过龙、也没有见过凤的孩子，你如何让他们成龙成凤？

最后，孩子没有成龙，也没有成凤，而是变成了你的样子。

爱孩子，就要让自己成为孩子的榜样。小到习惯，大到品格，做孩子最好的标杆。

你的现在，就是孩子的未来。

※ 母亲的教育是家庭教育的根

母亲，在人的一生中发挥着举足轻重的作用。几乎所有人的早期教育都来自母亲，可以说，母亲的教育是教育的"根"。母亲给予孩子生命，照料孩子生活，教育孩子成长，影响孩子的性格和品质。母亲的伟大、母亲的教育的重要性都不言而喻。

有一个非常著名的提问：如果一个家庭有一双儿女，但只有一笔教育经费，你投给谁？

答案是：投给女孩。

理由是：培养一个男孩成才，只是培养一个成功的个体；培养一个女孩成才，是培养了一个家庭，教育了一个国家，拯救了一个民族。

正如德国著名教育家福禄培尔所说："国民的命运，与其说是操在掌权者手中，不如说是掌握在母亲手中。"

古人形容母亲为"慈母"，有诗云：慈母手中线，游子身上衣。一个成熟的母亲，应该面容慈祥、语气轻柔、行为从容、内心坚定。母爱为孩子的性格涂上温润的底色，让他们不焦灼，不恐慌。母亲细心的呵护、温柔的拥抱和及时的回应，让孩子愿意敞开内心，性格开朗。而极少得到母亲关注的孩子，内心更封闭，性格更孤僻，更不合群。但母亲纯善和柔弱中蕴含的坚韧又会给予孩子力量，让他们不怯懦，不畏惧，勇敢面对生活中的困难甚至苦难。

埃隆·马斯克创立了国际贸易支付工具 paypal，比马云的支付宝早了整整 6 年，如今身价百亿，他却说自己的成功主要归功于母亲。

翻阅这位妈妈的履历，发现她的人生也颇为传奇。梅耶·马斯克出生在一个飞行员家庭。因为出落得楚楚动人，15 岁就被模特公司挑中拍摄广告。婚后的梅耶育有 3 个孩子，因为不甘于生活太过平淡，她带着孩子做模特，同时拿到了营养学硕士学位。31 岁那年，梅耶结束 10 年的婚姻，独自抚养 3 个孩子。为了应对开销，她需要同时打 5 份工。

多年之后，大儿子埃隆·马斯克创业成功，成为电子支付行业的传奇人物；二儿子金巴尔·马斯克很有生意头脑，经营着连锁餐馆；小女儿托斯卡·马斯克是成功的演员，在电影业闯出了自己的一片天地。

但是梅耶丝毫没有停下来的意思，重拾梦想，走进秀场，为很多大牌杂志拍摄封面。经过岁月的洗礼和苦难的锤炼，她的美更加厚重，耐得住欣赏。

回忆往昔，埃隆·马斯克说，即便最难的时候，母亲也从不抱怨，永远面带微笑。她给了孩子们满满的爱，但是爱里又饱含自由和尊重；她花心思营造温馨的家，攒钱给光秃秃的地板添置舒服的地毯，一家人围坐在一起聊天嬉戏；她做孩子们最好的榜样，让他们看到母亲的奋斗，明白努力才会有成绩，付出才会有回报。

梅耶的爱，让孩子善良而友好，明媚而温良；梅耶的努力，让孩子独立又勇敢，执著而坚强。她给予孩子的，是良好的性格和优秀的品质，这才是给孩子最好的教育，也是最大的财富。

※ 父亲的教育是家庭教育的魂

人们常说，母爱如水，父爱如山。传统的父亲不善表达，把沉甸甸的感情藏在心里。他们的爱深沉、内敛、含蓄、无声。新时代的父亲越来越善于表达爱，愿意跟孩子沟通。不管是传统的父亲，还是新时代的父亲，在孩子的成长中，都扮演着母亲不可替代的角色。正如心理学家格尔迪所说：父亲的出现是一种独特的存在，对培养孩子有一种特别的力量。

在父爱中长大的孩子，有很强的安全感。一项调查显示：即使是襁褓中的婴儿，也会因为缺失父爱而焦躁不安、食欲减退，表现出“父爱缺乏综合征”的典型症状。这样的孩子在成长中会出现较多的问题，比如辍学率比正常家庭的孩子高2倍，犯罪率高2倍，女孩未来成为单身母亲的概率高3倍。在没有爸爸的家庭中，孩子情绪激烈易怒，做事冲动，缺乏自我控制，更容易形成偏激的人格。

孩子智力发展的高低和父亲息息相关。心理学家麦克·闵尼通过研究发现：跟那些经常见不到父亲的孩子相比，每天与父亲接触2小时的孩子智商更高。有意思的是，父亲对女儿的影响要大于对儿子的影响，经常跟父亲交流的女孩数学成绩更好。

一般来讲，母爱更细腻、温柔，父爱更粗犷、豪放。不同的爱的表达，给孩子的感受不同，对孩子造成的影响也不同。孩子从父亲那里获得的最大财富是社会情感财富，孩子独立、自信、果敢、冒险等个性的形成，有利于其正常人格的建立和发展，而这些都离不开父亲的影响。

爸爸跟孩子在一起时，更倾向于玩一些运动性强、技术性高、动手环节多的游戏和运动，并表现出较为鲜明的男性特征，比如果断、坚毅、冒险、活力，这与父亲的雄性荷尔蒙有关。他们会鼓励孩子尝试新鲜的事物，勇敢探索，不畏困难，这些都能更好地促进孩子身体、智力和性格的良性发展。

在做好安全防范措施的基础上，冒险体现的是一种坚韧和进取的精神。不论男孩还是女孩，经常和父亲一起疯玩、疯闹，在父亲的陪伴下参加一些冒险运动、刺激游戏的人，长大后会更勇敢、更坚强，更富有创造性。

父亲的陪伴能够帮助孩子健康顺利地完成性别角色的建立。科学研究显示，父爱缺失或者跟随单亲母亲长大的女孩，成年后单身的概率更高，她们往往拒绝做母亲，婚姻幸福指数较低。父亲的漠视和缺席，会让女孩对男人产生负面印象，同时又发自内心地渴望父爱，所以在未来两性关系中更容易被欺骗和辜负。而经常跟父亲交流，可以让女孩接触到良好的男性榜样，帮助孩子分清男女性别的差异，让她们更柔美，更富有女性特有的气质，同时有利于其未来构建健康、成熟的两性关系。

父亲对男孩的性别认同和婚恋影响同样不容忽视。缺乏父爱的男孩子更容易出现“女性化”倾向，男孩会观察和模仿父亲的语言和行为，包括父亲的不负责，孩子都会复制下来，并延续到未来的家庭和孩子身上。父亲的陪伴会让男孩明确和理解“父亲”这一角色，也能更好地理解男性和女性的含义，让他们更勇敢、更阳刚，从而帮助他们在未来形成和维持稳定的婚姻和家庭关系。

在孩子心中，会把父亲当成偶像，当成智慧和力量的象征，并对父亲怀有一种强烈的崇拜之情。但是现实生活中，因为各种各样的原因导致父亲缺席，父爱缺失，影响了孩子的性别化进程和健康人格的形成。把孩子放进日程表中，陪伴是给爱人最深情的告白，更是给孩子最好的教育。

20 年后，你家孩子凭什么立足社会

> 宜未雨而绸缪，毋临渴而掘井。
>
> ——朱柏庐《朱子治家格言》

※ 保持开放的心态，愿意拥抱未知

有一个很古老的故事：一个老人养了三个儿子，临终前给三个儿子分家，大儿子挑了金碗，二儿子挑了骏马，最后只剩下一副弓箭，三儿子没得选，背起弓箭从此上山打猎。多年后，大儿子成了乞丐，当初的金碗换成了破碗；二儿子成了马夫，骏马换了主人；三儿子成了远近闻名的猎手，生活富庶。

父母爱子女，就要为他们做长远打算。与其为孩子留下金山银山，不如让他们拥有将来能立足社会的能力，这才是一生取之不尽的财富。但是未来社会是什么样子？有哪些工种？需要哪些技能？孩子们会身处怎样的环境？面临何种竞争？这些都远超我们的想象。

20 年前，我们无法预知互联网、手机智能会覆盖我们生活的方方面面。

20 年后，我们现在熟悉的一切可能都将不复存在。

英国教育专家 Kenneth Robinson 在一次演讲中提到：“我们可能活不到未来，但孩子们会。而我们要做的就是帮助他们能在未来有所作为。”

那么，我们的教育又该如何引导孩子，为未来的工作和生活做好准备呢？

面对日新月异的变化，首先要保持开放的心态，积极适应各种新变化，对新事物不设边界，对不确定性保持积极乐观。时刻保持敏锐的好奇心，对新事物保持敬畏。

新事物之所以值得敬畏，是因为未来的发展趋势潜藏其中。

很多人会感慨，那些混得好的人是因为赶上了好机会。自己错过了牛市，错过了淘宝，错过了 2008 年的房价，错过了微商，现在浪潮衰退，不知道下一次的风口在哪里。

事实上，成功者能在机会出现时顺利上车，是基于自身的见识和判断。而最开始，也是最重要的是要有一个包容开放的心态。

在一次行业见面会上，一位老师分享了自己从事自媒体的经历。因为时代的变化，读者的阅读习惯也改变了。自己为报纸杂志写的专栏销量骤减，读者越来越少，他一度很彷徨。后来他看到了自媒体的前景和趋势，于是开辟了自己的自媒体平台，现在重新找到了战场与读者。

大多数人不喜欢改变，因为改变意味着重新来过，意味着未知和不确定性。放弃已有的生活状态、工作技能，投入大量的时间、精力去学习和适应新的事物，是一个痛苦的过程。但是时代在发展，“稳定”变得越来越奢侈，“变化”是永恒的。维持现状，拒绝改变，只是一时自欺欺人。只有乐于接受各种未知的可能，才能保持心态平和；只有愿意尝试新鲜事物，才不会被陈旧的事物困住。教育孩子用包容的心态面对新事物，培养他们不断学习的愿望和热情，只有愿意一次又一次地重塑自己，才能重新出发。

※ 拥有强大的学习能力，跟上时代步伐

愿意学习是一种意愿，是否能掌握则是一种能力。我们无法预知未来，但可以预知的是：随着科技进步，知识更迭越来越快，孩子们不可能像面对语文、数学考试一样查漏补缺，提前准备未来需要的职业技能；因为任何具体的知识都不是永恒的技能。

复旦大学原校长杨福家教授曾说：一个大学生在毕业离开大学的那天里，他在这四年里所学的知识有 50% 已经过时。所以，教育不应该过于看重特定的知识和技能，而要强调通用的学习能力。没有永远稳定的工作。想要依靠已有的学历和专业技能而一劳永逸的时代已经结束。

在信息更新迅速的现代，能拉开人和人之间差距的，不在于掌握了多少知识信息，而在于迅速吸收新知识的学习能力。终身学习才是未来时代的核心竞争力。只有拥有强大的学习能力，以不变应万变，才能抵御这种巨变，才能让自己时刻保持一个“时代同龄人”的状态，永不过时。

毕业于北京大学、零经验一路杀到《超级演说家》冠军的农村女孩刘媛媛，用自己的三次逆袭，诠释了强大的学习能力到底有多重要。

高中之前，媛媛的成绩全年级倒数。当她突然顿悟发誓要考北大时，她开始了疯狂的努力，但是进展缓慢。她意识到光靠努力是远远不够的。直到某一天，她找到了一种可以快速记忆且不易遗忘的方法，继而研究出一套适合自己的学习方法。三个月后，刘媛媛奇迹般地从成绩倒数考到了年级第一，高考时成功考取对外经济贸易大学。

但是，她的目标是北大。

大学毕业时，她报考了北京大学的研究生。由于要跨专业考研，很多专业知识需要从头学起，困难可想而知。她很清楚，比她优秀的人多的是，她决定还是要以学习方法制胜。她去图书馆借阅了很多国外关于学习方法和学习技巧的书籍，吃透书里的内容后，她开始了漫长而艰苦的考研备战。

结果她的考研成绩远远超过北大法硕分数线，排名全国第十！报考北大的学生精英云集，这样的成绩实在不易！

在参加《超级演说家》之前，她仅有的演讲经验是班委竞选的发言。

但是她用三天时间观看了几百个演讲视频，研究和学习演讲者的眼神、语气、动作、声音，并找到适合自己的演讲方式，最终战胜了创造撒哈拉世界纪录的台湾超级运动员、主持经验丰富的美籍华人和演讲技巧炉火纯青的鬼马书生，成功摘得《超级演说家》的冠军。

在工作中，她更是表现出了超强的工作能力和极高的工作效率。不管是项目策划、活动运营，还是员工培训、对接客户……她都能迅速上手，且战果辉煌。

当别人问她秘诀时，她的回答是："我可以说是天赋，或者勤奋，但是最重要的是我有超乎常人的学习能力。"

未来社会的重要特征是知识创造与更新的速度日益加快，竞争力的核心不仅取决于一个人当下掌握了多少知识，更取决于学习新知识的速度和学习能力的大小。只有拥有强大的学习能力，才能跟上时代发展的潮流，才能在新理念、新思维、新创意中游刃有余，即使暂时落伍，也能完成逆袭。

※ 用无穷的创造力，引领时代

如果一个人能拥有无穷的创造力，就不仅能够紧跟潮流，更能够引领潮流。

随着人工智能的高速发展，未来重复性、程序化的工作将大大减少，甚至消失，现在的孩子长大后会从事目前尚未发明的工种。根据美国人工智能的研究报告，将近一半的工作在未来20年会受到人工智能的威胁，甚至被取代。

那么，教育应该如何面对未来?

很多国家都投入了大量的人力和财力研究这个问题，研究的结果是：培养孩子的创造性思维。开发了风靡世界的Scratch编程语言及在线社区平台的麻省理工学院媒体实验室团队，在其出版的《终身幼儿园》中提出了著名的“4P创造性学习法”，他们认为：具有终身创造力的孩子，才能更好地面对不确定的未来。

在知识经济时代，创造力的重要性将被提升到前所未有的重要地位。未来，创新能力就像新鲜血液之于病人一样重要，决定着国家的兴衰、公司的存亡和个人人生的起落。

大名鼎鼎的苹果公司最负盛名的标签就是“创新”，正如公司的口号“非同凡想”。这不仅仅是一句营销口号，更是苹果公司迅速崛起，以迅雷不及掩耳之势击败当时的几大竞争对手，占据移动通信领域江山的制胜法宝，而赋予公司持续创新和不竭动力的正是前公司首席执行官史蒂夫·乔布斯!

乔布斯鼓励员工善于挖掘自己的闪光点，不要做千篇一律的事情。他自己就是创新精神的最好践行者。乔布斯开创了手机设计对美学的追求，实现了科技与艺术的完美结合。和当时体积庞大的商用电脑比起来，苹果Ⅱ不仅集电脑所有部件于一体，还拥有简约漂亮的外观设计，于是迅速从电脑中脱颖而出，开创了个人电脑的第一个黄金时代。

乔布斯带领团队研发的 Mac 凭借精美的界面、友好的操作方式、如同艺术品一样精细的做工，迅速获得了消费者的欢心，成为办公白领的标配，奠定了乔布斯神一样的地位。

他领导设计的 iPhone 彻底摈弃了传统的键盘操作，突破性地使用了触摸屏技术，颠覆了人与手机的交流方式。类似地，还有改变音乐领域的 iPod 和 iTunes，以及精美得令人窒息的 Apple Store 零售店。

2011 年 10 月 5 日，史蒂夫·乔布斯去世。公司官方网站这样写道："苹果公司失去了一位具有远见卓识和创造力的天才，这个世界失去了一位令人惊异赞叹的成员，史蒂夫留下了一个只有他才能建立的公司，他的精神将永远是苹果的基石。"

科技引领未来，创新改变世界。知识可能落伍，但是创新不会；做重复性工作的人会被替代，但是有创新能力的人不会。培养孩子的创新能力，才能让孩子跟上时代的步伐，甚至成为时代的引领者。

做完整的自己

> 决定孩子一生的不是学习成绩，而是健全的人格修养！
>
> ——蔡元培《中国人的修养》

※ 敬畏生命，珍爱健康

作为父母，肯定无数次幻想过孩子未来的样子。我们都希望孩子成为人生的佼佼者，在事业上成绩斐然，在生活中恩爱幸福。所以在“不能输在起跑线上”的比拼心理下，大多数孩子正在接受史上最狂热、最焦躁的教育。

其结果是，越来越多的孩子不快乐，且不快乐的年纪越来越早。中国孩子勤奋刻苦，智力超群，在国际大赛中屡屡摘得桂冠，但是中国科学家在国际学术舞台上的科研成果却乏善可陈；很多高分孩子进入社会后表现平平，被曾经的“学渣”赶超；同时越来越多的孩子表现出各种各样的道德问题、性格问题，甚至酿成严重的社会危害。

我们不禁要问：这样的教育真的是有效的吗？

孩子之所以要接受教育，不是为了教育而教育，是因为教育可以让他们为未来的人生做好充分的准备。所以教育首要解决的问题是让孩子学会珍爱生命。

生命的流逝不可怕，可怕的是不懂得敬畏生命、尊重生命和珍惜生命。保全生命，保障自己的生命，也不能伤害别人的生命，这是对生命最大的敬重。教会孩子对遇见的每一个生命肃然起敬。因为没有什么比生命更宝贵，有了鲜活的生命，再谈活成何种模样才有意义。

健康的重要性自不必说，有了生命还不够，还要健康地活着。拥有旺盛的精力和充沛的体力，才能去做我们认为有意义的事。

人生是一场丰富多彩的旅行，健康地活着才能体味其中的酸甜苦辣，才能痛快地哭，欢畅地笑。生命是顽强的，也是脆弱的。每一个生命的逝去，都会给一个、甚至多个家庭蒙上永远的阴影，让亲人背负永远的伤痛。生命是可贵的，教会我们的孩子怀有一颗敬畏之心，负起自己和他人的生命之重。

※ 完善性格，舒适社交

个体生命的质量，不仅在于活着，还在于活得开心。人是社会的产物，不是活在真空中。所以处理人际关系是人生的必修课。人际关系的好坏最能够决定一个人心情的好坏。处理好这个关系，人才能心情愉悦。美国哈佛医学院曾经以“怎样才能够使得生活快乐”为主题，针对724个研究对象，发起了一项持续75年的研究调查。如今调查对象只剩下60多位健在，其中大部分已经90多岁高龄了。研究结论是：真正能使人们生活快乐的并不是财富和名利，而是良好的人际关系。

事实上，人际关系不仅影响心情，更是事业成功、身心健康、人生幸福的需要。对于职业人士来说，良好的人际关系是快乐工作的必要条件。和谐的同事关系可以为工作营造一个良好的工作环境，让人心情愉快的同时，也能为职场成功助力；相反，紧张的人际关系会让人不安、压抑、痛苦，不仅影响工作质量，更会给人造成心灵创伤。

良好的人际关系是身心健康的需要。很多研究表明，拥有良好的家庭、朋友关系的人，比离群索居、不善交际的人更长寿。在一段幸福的婚姻中，夫妻之间和睦相处，真心付出，耐心包容，感情上有交流，思想上有沟通，能够给予彼此信任与安全感，让人从中汲取力量和勇气，更容易形成乐观、自信、积极的人生态度。

四肢健全的人，如果不能很好地融入社会，与家人、爱人、朋友、同事、邻居，甚至陌生人和睦相处，其心理的压力和痛苦甚至超过身体的痛苦。很多新闻中爆出的自杀和他杀，包括很多校园冲突事件，都与此有关。

而影响良好人际关系的诸多因素中，性格发挥着至关重要的影响。心理学家认为，性格决定着一个人的行为方式，对一个人的为人处世方式有很大的影响。不同性格的人，在对待周围的人、物、世界和对待自己，会表现出不一样的态度和行为。

比如有的人性格鲁莽，做事风风火火，说话直来直去，特别容易因为愤怒和冲动言行失当，造成人际关系紧张。有的人性格温和，遇事不急，处世不躁，能够掌控自己的情绪，善于换位思考，更宽容大度，更受人欢迎。有的人性格懦弱，没有主见，做人做事喜欢依赖他人，害怕承担责任，这样的人就不容易被人信任和成就大事。有的人性格刚毅，抗压能力强，即使身处困境也能乐观面对，迎难而上，所以更容易成为领导者，获得成功。

性格决定一个人的思维方式，思维方式决定一个人的处世方法。很多人的成功，很大程度上都归功于他们受人欢迎的性格。这样的人，除了具有聪明才智，还有着相似的性格特征，比如谦虚、乐观、坚定、富有亲和力等。

培养孩子具有良好的性格，让他们拥有更大的磁场，更容易结交朋友，才能获得他人的帮助和支持，甚至在关键时刻有贵人相助。良好的人际关系帮助他们在事业上获得更大的成功，在生活中收获更多的友谊，物质财富更丰厚，情感财富更丰盈。

※ 唤醒潜能，实现自我

生命是载体，需要和谐的外部环境和良好的人际关系，但是精神的愉悦和心灵的平和才是人生幸福的最高追求。当父母把过多的精力放在上哪所重点学校、请什么样的名师、考试排多少名、提高了多少分时，当家长一直按照自己的喜好和意愿去安排孩子的人生，按照自己的经验和格局去塑造孩子时，往往忽略了一个最重要的事实：每个孩子都是一个独立的个体，是坠落凡间独一无二的天使。

纪伯伦写过一首诗：

你的孩子，其实不是你的孩子，他们是生命对于自身渴望而诞生的孩子。

他们通过你来到这世界，却非因你而来，他们在你身边，却并不属于你。

你可以给予他们的是你的爱，却不是你的想法，因为他们自己有自己的思想。

你可以庇护的是他们的身体，却不是他们的灵魂，

因为他们的灵魂属于明天，属于你做梦也无法达到的明天。

人生漫长，看似有太多事情可做，但是最重要、也是唯一一件需要做好的事情就是：做自己。

美国一部高中电影《死亡诗社》曾经提出：什么才是教育的真谛？

教育真正的价值是唤醒孩子深藏体内的潜能，帮助他们找到今生的使命，并最终完成它。

教会孩子遵从内心，从自我出发，考问自己：我到底想要什么？我的能力在哪里？

一旦孩子意识到自己未来想成为什么样的人，就会从内心生发出无穷的力量和热情，而这种内驱力的能量比父母和老师强加的外部力量更强大，也更有效。

热爱是这个世界上最强大的动力。真正的努力不是违背内心，不是依靠强大意志的自我摧残，而是源于内心的热爱，十年如一日的投入与专注。只有对自己的事业有足够强烈的兴趣，才能拥有一种坚韧不拔的精神，再苦再累也享受其中。

教育，不仅包括知识训练，还应该涉及性格培养、品质形成和心态提升；教育是唤醒，不是塑造，是孩子的自我醒悟，不是老师和家长的强制灌输。给予孩子必要的引领和启发，让孩子在思考和实践中发现自我，明确自己想成为什么样的人，并借助良好的性格、优秀的品质和积极的心态达成所愿。

做一个完整的个体，拥有健康的体魄和健全的人格，清楚自己所想，明白能力所在，最终实现所愿，如此，才是成功的人生。

抛弃你给孩子绘制的人生蓝图，放下苛求孩子成龙成凤的执念，鼓励他们做完整的自己。或许孩子未来最好的模样是：和喜欢的人在一起，做喜欢的事。

第二章
生命教育，人生的基石

好身体就是这样养成的

有规律的生活原是健康与长寿的秘诀。

——巴尔扎克

※ 健康，从吃开始

病是吃出来的。这个概念对很多人来说都不陌生了。

西方医学之父希波克拉底曾说："人生最重要的智慧是：知道什么能吃，什么不能吃。"但是知道和做到往往是两回事。

饮食不规律，暴饮暴食，营养搭配不合理，高蛋白、高胆固醇、高脂肪、高糖食品摄入过多，以及过于追求口感刺激等不良饮食习惯，为身体健康埋下了祸根。

高血压、高血脂、高血糖、心脑血管病、各类癌症正在以惊人的速度吞噬现代人的健康，并呈现出越来越年轻化的趋势，甚至不断向儿童蔓延。近几年，儿童慢性疾病，比如肥胖、高血压、高血脂、Ⅱ型糖尿病等开始逐渐显现，最典型的例子就是 2018 年因肥胖在睡梦中去世的江西男孩小海。

当时他的父母带他到浙江大学医学院附属儿童医院看病时，这个孩子 4 岁 7 个月，腰围已经达到 95 公分，身体质量指数（BMI）超过 35，属重度肥胖。医院检查显示，孩子患有各种代谢性疾病，比如高血脂、高血压、脂肪肝，还有睡眠呼吸暂停综合征，每晚睡觉都鼾声如雷。在回老家的途中他们住进了一家旅馆。当天夜里 3 点多，习惯了儿子鼾声的爸爸突然从梦中惊醒，因为屋里太安静了，他仔细一看，发现儿子已经没有了呼吸。

儿童肥胖，远不是个案。

2018 年北京市健康白皮书显示，中小学生肥胖检出率为 15.6%。在肥胖学生中，高血糖检出率为 66.6%，高血压检出率高达 30.7%，血脂异常总检出率为 43.2%，脂肪肝检出率为 16%，高尿酸检出率为 39.7%，同比某些数值甚至已经超过了成人的检出率。

根据 2018 年国家卫生健康委的一项报告，我国 6 ～ 17 岁儿童青少年超重率是 9.6%，肥胖率是 6.4%，且发生率还在明显增加。1/3 的超重儿童成年后会发生肥胖，2/3 的肥胖儿童成年后会保持肥胖。而丹麦哥本哈根大学研究团队一项长达 38 年的研究证实，7 岁的小胖墩如果能在 13 岁时成功减肥，在 30 ～ 60 岁期间Ⅱ型糖尿病的发病风险与正常人没有区别；如果 17 岁才减肥成功，未来发病风险会提高 47%。

造成儿童慢性病的原因主要是饮食无节制，膳食不均衡。有一次乘坐高铁回京，邻座一个年轻的妈妈拿出各种各样的零食和饮料给孩子吃，一个多小时的车程，孩子的小嘴自始至终没有停过。妈妈爱孩子无可厚非，但是溺爱泛滥，加上儿童的自控力较差，放任孩子吃太多不健康的食物，会埋下健康隐患。父母要从小培养孩子健康的饮食习惯，少摄入脂肪含量高的食物，比如各种肉类、油炸食品、巧克力等；少喝含糖饮料、奶茶；多吃蔬菜、水果、大豆坚果类等。

※ 动起来

除了饮食不合理，运动少也是引发儿童青少年慢性病的重要原因。

相关调查证实：近 20 年来，国人身体活动总体水平下降了 44.9% 以上，55.9% 的学生达不到每周锻炼 5 天、每天 1 小时的标准；虽然每学年组织运动会的学校增加了 4.6%，学生参与率却下降了 5%。

除了日益沉重的学业负担压榨了孩子们的运动时间，电脑、游戏机等高科技产品也起到了推波助澜的作用。青少年“屏幕”时间越来越多，有 1/3 的学生每天看电视超过 2 小时，每天玩电子游戏超过 4 小时的学生近 15%，每天上网超过 2 小时的学生占 42.1%。越来越多的孩子运动意识淡薄，周末假期不出门，而是窝在家里玩游戏。

甚至有家长认为，过多的体育运动和锻炼，会让孩子“四肢发达，头脑简单”。事实上，体育运动不仅有助于身体健康，对大脑发育更是有着不可估量的促进作用。运动带动四肢和全身的活动，促进血液循环，使大脑获得更加充足的营养，孩子自然头脑清醒，思维敏捷。而长期静坐不动的孩子，大脑缺乏营养供应，废物也不能及时排出，容易出现疲劳、记忆力减退、学习效率低下等情况，甚至产生悲观消极的情绪。

公安大学李玫瑾教授在《今日说法》中曾经提到：缺少运动的孩子，更容易出现心理问题。在这方面，澳大利亚昆士兰大学妊娠研究中心一项超过 20 年的研究结果相当具有说服力。研究团队以 1981 ~ 1983 年一家大型公立医院接受产前保健的母亲及其孩子为研究对象，分别在孩子 6 个月、5 岁、14 岁和 21 岁时进行追踪调查，并将 3493 名孩子 14 岁时完成的体能活动问卷根据“经常运动”“不常运动”和“不运动”的标准分为三组。孩子们 21 岁时的心理健康状况资料显示，14 岁时“不运动”的一组孩子，在 21 岁时“妄想意念”“视觉感知障碍”和“焦虑症”的发生率明显增加。也就是说，青少年时期缺乏体能活动，会影响成年后的心理健康状况。

家长要让孩子明白锻炼身体的重要性，并且以身作则，做孩子的榜样。早上和孩子一起跑步，周末全家去爬山，到郊外骑行。运动最重要的就是坚持，三天打鱼，两天晒网，根本起不到强身健体的作用。为了鼓励孩子坚持下去，可以和孩子一起制定目标和计划。持之以恒的运动锻炼，不仅可以让孩子有一个好身体，还能锻炼他们的意志力。

※ 把偷走的睡眠还给孩子

3 月 21 日是世界睡眠日，2019 年中国睡眠日的主题是“健康睡眠、益智护脑”。世界上约 1/3 的人有睡眠问题，中国睡眠障碍者约占总人口的 38%，高于世界 27% 的比例。睡眠问题主要包括“睡不着、睡不醒和睡不好”，但是对于青少年儿童来说，最大的问题是睡眠不足。由于繁重的课业负担和种类繁多的兴趣班、补习班，睡眠时间被不断蚕食。

从小学开始，孩子们每天早上都在“半梦半醒”中被家长拽着起床，闭着眼穿衣服、吃早饭，迷迷瞪瞪去上学，中午在学校没有午休，作业多的时候要到晚上 9 点多写完，10 点多上床，真正睡着差不多 11 点了。周末还要参加各种课外班。到了初中、高中，睡眠时间更是少得可怜，根本达不到教育部规定的“小学生每天睡眠 10 小时，初中学生 9 小时，高中学生 8 小时”的标准。

长期睡眠不足是导致中小学生体质下降的重要原因之一。一项针对日本、加拿大和澳大利亚儿童进行的研究表明，每天睡眠少于 8 小时的孩子肥胖概率比睡眠充足的孩子高 3 倍。青少年睡眠不足已经成为普遍问题，而中国孩子的睡眠现状更为严峻。

教育部在全国选取了 140 个样本县，对 45 000 名三年级学生和 52 000 名八年级学生进行的调查显示：31% 的三年级学生睡眠时间少于 8 小时；77% 的八年级学生睡眠时间等于或少于 8 小时，中部地区高达 82%，好学校同样高达 82%。

睡眠是保证孩子健康成长的重要条件之一。根据美国科普作家波·布朗森和阿什利·梅里曼在《让人震撼的育儿术》一书中的内容，睡眠专家针对青少年进行的剥夺睡眠实验表明：睡眠时间少 1 小时，孩子在发育程度和认知能力上落后 2 年。睡眠是人类不可缺少的生理需要，良好的睡眠能促进孩子大脑发育生长，消除疲劳，恢复体力、精力，巩固记忆，增强免疫功能。睡眠不足会造成精神不振、食欲差、免疫力低下，甚至影响孩子的生长发育。因为学习压力和睡眠不足，很多青少年甚至出现了失眠、睡眠质量差等成人睡眠问题，导致白天昏昏沉沉，注意力下降，影响学习成绩，更为严重的会带来性格变化。有的孩子会变得烦躁、易怒，不仅影响人际关系，甚至产生心理问题。

《黄帝内经》有言，“食饮有节，起居有常，不妄作劳”，就是说要遵循自然规律，根据天地阴阳法则，合理安排饮食和起居，这样身体才能健康。

食饮有节，是指饮食要有规律，还包括食物搭配的适宜、食量的适度，不过饥过饱，不暴饮暴食，冷热适中，不过冷过热等。

起居有常，就是起居作息有“常态”，比如让孩子按时起床，按时吃饭，按时喝水，按时睡觉，按时锻炼，按时排便等。

不妄作劳，不要让孩子过度劳累。劳也要有度。在该学习的年龄要勤奋，但是如果过度劳累，也是有损健康的。

人生于自然中，就要遵循自然，凡事不要过度，如此，孩子们才能生机勃勃，茁壮成长。

儿童伤害，意外猛于虎

> 大多数走运的人都养成从最坏的结果考虑问题的习惯，谨防受到意外之灾的袭击，天天实行这个原则，严格地按此办事。
>
> ——马科斯

※ 看护不到位，溺水频发

暑假在即，孩子们也有时间随父母外出游玩了。但是 2018 年 8 月，在青岛海滩发生的北京 8 岁双胞胎姐妹溺水事件，至今想来仍然让人唏嘘不已，而其折射的严峻的儿童安全问题更是不容忽视。

2018 年发布的一项“1990 年与 2018 年中国儿童伤害疾病负担分析”研究指出，导致 0 ~ 14 岁儿童死亡的首要原因是溺水。研究数据称，2013 年我国因溺水导致 2.4 万个孩子失去生命，占 0 ~ 14 岁儿童总伤亡人数的 32.49%。中国疾病预防控制中心称，溺水是我国儿童的第一大意外致死原因。

即使没有生命危险，溺水也可能会带给孩子终生伤害。根据《世界预防儿童伤害报告》显示，2018 年全球 0 ~ 14 岁儿童非致死性溺水有 200 万例，其中约 5% 的孩子留下了严重的神经损伤，并导致终生残疾。

不同年龄的儿童发生溺水的地点也有所区别。4 岁以下的孩子多在家中发生溺水，事故地点多为脸盆、浴盆、浴缸、水桶等；5 ~ 9 岁孩子的溺水地点多为室外的池塘、游泳馆等；10 岁以上的孩子多在旅游中的江河、湖泊游泳时发生溺水。

2018 年 5 月，深圳一个 1 岁两个月的孩子跑到卫生间玩水，一不小心栽进水盆里，等到家长发现时其已经没有了生命体征。同年 9 月，河北一妈妈用木桶洗脚，洗完后忘记倒水。一小时后，其 1 岁多的孩子被发现栽在桶里。经过抢救孩子虽然脱离了生命危险，却成了植物人。很多家长不知道的是，对于年幼的孩子来说，2.5 厘米的水足以致命。

夏季天气炎热，暑假更是溺水的高发期。有报告显示，七、八月份发生的儿童溺水事件约占全年的 32%；从 2018 年媒体公开的报道来看，儿童溺水的悲剧不断上演。2018 年 7 月，重庆连续 4 天发生 6 起溺水事故，其中 3 个是孩子。同月，湖北随州发生小学生溺水身亡。7 月底，深圳发生了两起青少年溺亡事件。8 月，山东临沂发生少年溺亡。8 月下旬，浙江丽水发生一起儿童溺亡事件。这样的报道还有很多。

而调查发现，很多儿童溺水事件发生时，家长就在旁边，却对孩子的险境一无所知。2018 年 7 月，福州一个妈妈带着两个孩子到游泳馆游泳。就在妈妈背身玩手机的时候，1 岁女儿用的坐式游泳圈发生了侧翻，女婴头朝下落入水中，无声挣扎。在此期间，游泳池里的小男孩几次试图把游泳圈扔给女婴，但是他哪里知道，妹妹只是一个 1 岁的孩子。她根本不知道抓住哥哥扔过来的游泳圈，更没有能力抓住游泳圈，近在咫尺的妈妈却对这一切毫无察觉。最后，男孩抓住妈妈的手求救，妈妈才惊觉危险，她迅速跑过去把女婴从水里抱起来。此时距离孩子溺水已经过去了 1 分多钟，20 分钟后，孩子被送到医院。经过抢救，医生宣布孩子脑死亡，只能依靠呼吸机维持生命。

溺水随时发生，并且危险发生很快。一般来说，溺水 2 分钟后，人会失去意识，溺水 4 ~ 6 分钟就会对神经系统造成不可逆转的损伤。预防儿童溺水，家长肩负的责任是最大的。没有任何设备可以替代父母的看护。

※ 安全教育缺失，车祸横行

年幼的孩子还不具备强烈的自我保护意识和良好的自我保护能力，也许就在父母低头的瞬间，孩子已经身处险境，性命堪忧。溺水的致命时间是 4 分钟，被异物堵住口鼻窒息需要 3 分钟，而从高空跌落、车祸和触电等只需要短短几秒，就能要了孩子的命！

近日，东莞几起儿童道路交通事故再次刺痛了天下父母心，也敲响了儿童交通安全的警钟。

2019 年 4 月，发生一起客车和行人碰撞事故。当时客车正准备从右方超越前车，一名小学生忽然从左前方横穿马路，司机刹车不及，2 秒内就发生了车祸，所幸孩子没有生命危险，但是左侧肺部伤得很重。

时隔一个月，一名 2 岁多的小女孩在工厂玩耍时，被叉车从身上碾压，因为伤势较重，送到医院时已经没有了生命体征。

同月，一辆黑色皇冠车在闪烁着黄灯的路口快速驶过，撞飞一名在斑马线上玩耍的小女孩，孩子还没来得及送到医院，就停止了呼吸。

很多儿童交通事故的原因，除了司机违章驾车、疲劳驾驶、超速行驶和父母看护不到位，受害儿童不遵守交通规则也是非常重要的因素。交通部门的事故档案显示，因不遵守交通规则而发生的儿童车祸占很大比例。换句话说，儿童交通事故的责任方多半是儿童，比如在没有家长带领的情况下独自穿越马路，不走人行横道，随意在马路旁玩耍，红灯亮时抢跑，在机动车道上骑自行车等，都是诱发儿童车祸的重要原因。而归根结底，还是家长没有尽到教育的责任，没有给孩子们树立起交通危险意识，导致孩子无法及时感知危险。

现在的家长对于孩子过度保护，怕饿着、怕冻着、怕摔着、怕碰着，凡事大包大揽，严格限制孩子的各种活动，这也不能动，那也不能摸，失去了很多对孩子进行安全教育的机会，导致孩子身处险境而不自知，更不能进行有效的自我保护，这才是问题的关键。

※ 急救不科学，窒息更危险

前段时间，广西玉林一名年仅 6 岁的男孩吃花生时不小心被噎住，等孩子送到医院时已经嘴唇发紫、瞳孔散大，最终没能被挽救过来。

据不完全统计，我国每年因为吞咽异物或气管异物阻塞而导致窒息死亡的儿童近 3000 名，与溺水、交通事故共同成为剥夺青少年生命的三大隐患。

儿童发生意外窒息与家长不适当的护理方式密切相关，比如冬季寒冷，家长常把被子盖过婴儿的头部，防止冻着，结果孩子无法呼吸引发窒息；或者由于哺乳不当，妈妈把婴儿搂在身边，由于劳累喂奶时睡着了，把孩子的口鼻给堵住了；还有一种比较常见的漾奶窒息，孩子进食后出现溢奶而呕吐，呕吐物被孩子吸入气管内，造成突然窒息。年龄大一点儿的孩子容易发生异物堵塞器官，多见于花生米、瓜子、黄豆、玉米粒、核桃仁、栗子、小玻璃球、果冻等。

窒息的危险系数非常高。一般情况下，呼吸、心跳停止 4 分钟，生命就岌岌可危。因此，当孩子出现呼吸、心跳暂停时，家人及时、准确的急救是非常重要的。

开头提到的那个男孩，母亲送孩子就医途中就实施了急救。小区监控录像显示，母亲倒背着已经昏迷的男孩跑进电梯，在电梯降落的过程中，她两手紧紧抓住孩子的双脚，把孩子头朝下倒扛在肩膀上，试图通过抖动和倒立让孩子呕吐出来，其间还不断用手拍打孩子背部，但孩子没有任何反应。10 分钟后，孩子被送到医院，经过将近 1 个小时的抢救，仍然没有挽回鲜活的生命。更让人难过的是，医生随后指出，在送往医院的最佳急救时间内，孩子母亲使用的急救方法是错误的。

事实上，如果孩子被异物卡住，可立即采用“海姆立克急救法”。数十年来，这个方法至少救活了 10 万人的生命。可是由于很多家长不具备基本的急救常识，而是采取了不科学甚至错误的急救方法，反而将孩子置于更危险的境地。

因为父母缺乏基本的护理常识而导致的儿童意外伤害事件远不止于此。山东一名4岁女童左手中指发黑坏死，最后不得不进行截肢手术，原因是一次受伤后，妈妈给孩子贴了创可贴，由于缠绕过紧，又没有及时取下，导致孩子手指血液流通不畅。广东一名2岁的男孩感冒发烧，由于父母缺乏基本的护理常识，使用大量工业酒精给孩子擦拭身体降温，导致孩子酒精中毒，送到医院时已经晚了。

太多的事例告诉我们，在养育孩子的过程中，父母不仅要负起看护照顾、安全教育的重任，更要学习相关的急救常识，以备不时之需。当孩子发生危险时，如果不能及时处理，只等送医院再救，可能会错过最佳的急救时间；但是如果家长采取错误的急救方法，不仅帮不了孩子，还会对孩子造成二次伤害，酿成无法挽回的后果。

※ 骗术升级，儿童拐卖防不胜防

2015 年，刘德华主演了一部电影，片名叫《失孤》。影片里因为孩子被拐，刘德华扮演的父亲开始了跨越大半个中国的寻子之路。他放弃了所有，15 年里风餐露宿，只有一个斜背袋和他寸步不离，里面全是儿子小时候的照片、寻人启事、身份证明文件及少许零钱，这是他的全部家当。但是最终，他也没有找到自己的孩子。

剧情不是编剧虚构的，而是来自一个真实的案例。主人公的遭遇也不是个案，而是无数被拐孩子父母的缩影。据不完全统计，中国每年失踪儿童数量约有 20 万，但是找回来的大概只占 0.1%。一旦孩子丢失或者被拐，大多数父母，或者因此感情破裂，最终离婚；或者因为找孩子失去了工作，放弃了生活；或者因为无法承受失去孩子的痛苦精神失常；或者因为悲伤、思念、愧疚抑郁而终；还有很多没有放弃的父母，如同影片中的主人公，在看不到尽头的寻子路上，一次次承受着找寻、等待、希望、失望的煎熬和折磨。

一位长期从事打拐工作的民警曾这样形容："拐卖是超越谋杀的犯罪。"

孩子被拐走的瞬间，其实已经家破人亡。

孩子走失、被拐，到底离我们的生活有多远？

咫尺之隔。

人贩子花样百出、手段卑劣，让人难以想象。

在某电视剧中有这样一幕场景：演员刘涛扮演的年轻妈妈带着儿子外出，一个面慈心善的中年妇女上前搭讪，帮忙拎东西，让年轻的妈妈逐渐失去戒心。中年妇女提出帮着抱孩子，但是转眼工夫她就抱着孩子跑了。等孩子妈妈惊觉危险，想要把孩子抢回来时，一个陌生男人冲过来阻拦，还口出恶言辱骂她，让围观的群众误以为这不过是一个行为不端的女人要带着孩子逃跑。而实际上这是人贩子合力营造的一个假象，是一幕真实的拐卖儿童的犯罪现场。

熙熙攘攘的车站，人来人往，没有一个人上来帮忙，人们反过来指责孩子妈妈，甚至阻拦她抢回自己的孩子。众目睽睽之下，两个人贩子带着孩子跳上汽车扬长而去，留下孩子妈妈独自一人哭天抢地。

这是人贩子惯用的一个伎俩。

除了光天化日之下有计谋、有组织地多人抢夺，他们还会利用孩子的天真，通过哄骗让孩子上钩。曾有人做过实验：先观察孩子，大致猜出孩子的喜好，然后根据孩子的喜好借助一些小动物、糖果或者玩具等，快速获得孩子的信任。研究人员用相似的办法，针对很多孩子进行了防拐实验，结果让人大吃一惊：只要能准确抓住孩子的喜好，就能轻松获得他们的信任，结果很大比例的孩子都乖乖跟着研究人员走了。

游乐场、车站、公园等公共场所不安全，小区、甚至家里就能保证万无一失了吗？

No！

曾经有一位年轻妈妈在论坛中爆出：周末自己和孩子在家，因为做家务累了，想睡会儿，嘱咐儿子一个人玩会儿。半睡半醒间，仿佛听到门口有人说话："小朋友，我是麦当劳宅急送的。可乐落在车里了，你跟我去拿好吗？"然后听到"砰"的一声关门声。出于一个母亲的警惕，她立马冲了出去，只看到孩子站在电梯门口，离孩子几步之遥是一只从电梯里伸出来的胳膊。她大声喊道："宝贝，站住！"孩子回头的瞬间，那只胳膊缩了回去，电梯门随即关上，开始下行。

可以想象：这个网友再晚出去几秒钟，后果不堪设想。

还有一个网友分享了朋友的经历：当时，孩子在楼下小花园玩儿，她在楼上洗衣服。在阳台晒衣服的时候，她透过玻璃看到有人在跟孩子说话，但是那个人她根本不认识。她马上下楼来到小花园，但是孩子已经不见了。十几年间，夫妻两人从来没有停止过寻找，直到有一天他们在街上看到一个乞讨的孩子非常像自己当年走失的女儿，经过DNA比对，那就是自己的亲生女儿。可是当年那个活泼开朗健康的小女孩，如今双腿瘫痪，已经有些疯疯傻傻。

那些被拐走的孩子，大致有下面几种结果：第一种是贩卖到偏远山区，被一些没有生育能力的家庭抚养，这还算是最幸运的，剩下的孩子要么被人贩子带在身边学习坑蒙拐骗的伎俩，不听话就会被毒打，要么像上面那个孩子一样，被狠心致残，作为人贩子挣钱牟利的工具，甚至有些孩子会成为人体器官的来源。

撕开人性最黑暗的一面，任何人都无法直视。一桩桩拐卖案件的背后，是一个个家庭的分崩离析，是一双双父母的人生崩塌。让一个个孩子从此成为折翼的天使散落人间，但是能完好无损、平安长大的，没有几人。

相信世间的美好，恪守为人的善良，但是父母也要警醒自己：地狱空荡荡，魔鬼在人间。我们需要对孩子进行安全教育，让他们的安全意识和认知更加完善；我们要教会孩子在爸爸妈妈不在身边时，不要听陌生人的话，不要坐陌生人的车，不要吃陌生人给的食物，面对陌生人要提高防范和自我保护意识。但是，做到这些并不能保证一劳永逸。

保护孩子的安全，更离不开父母的陪伴和关注。因为人贩子一旦盯上你的孩子，只需要几秒，就能把孩子从你的身边永远夺走。父母要做的就是：不要把孩子置于盲点中，不要让孩子离开视线，不要给人贩子一丝一毫的机会。

向校园暴力 say no

> 施展暴力又无理由，只会自食其果。
>
> ——贺拉斯

※ 校园暴力，绝不只是小孩儿打闹那么简单

有人说，每个班里都有一个被孤立的人。

曾经，我们或者是那个被孤立的人，或者是孤立别人的人。

教室里，一个女孩喝令另一个女孩用嘴翻找掉在垃圾筐里的橡皮，在众目睽睽之下，女孩不得不多次俯身，将头探进垃圾筐，后背还不时遭到蹬踹。

回家路上，七八个男生把一个女孩抱起扔到河里，并大笑着看她在水中挣扎；等女孩爬上岸，男生围上来撕扯她的头发，对她拳打脚踢，最后还扒光女孩身上的衣服。

厕所里，一帮男生逼迫一个男孩吃下坐便器中的粪便。男孩因为拒绝遭到了一顿毒打，最后不得不痛苦地抓起一块粪便吃了下去，引

得围观的人哄堂大笑，还有人用手机录了下来发到了网上。

这不是电影情节，是真实发生的校园暴力事件。

而这些只是目前校园暴力犯罪的一个缩影，还有比这些手段更残忍、场面更血腥、后果更严重的恶性事件，甚至有些孩子在校园暴力中被折磨致死。

被施暴者苦苦挣扎，让人心痛；施暴者所表现出的狠厉，让人震惊，甚至不寒而栗；旁观者的冷漠、麻木，间接变成了暴力的助推，在这场看似一戏三角的“玩闹”中，没有所谓的旁观者，只有受害者和施暴者。

近年来，校园暴力案件不断出现。

根据 2018 年最高人民法院发布的《校园暴力司法大数据专题报告》，2015 年全国法院一审审结校园暴力案 1000 多件，2016 年、2017 年分别同比下降 16.51% 和 13.37%。虽然校园暴力案呈逐年下降趋势，但是依然有 11.59% 的案件导致被施暴者死亡。也就是说，三年来，校园暴力夺去了 300 个鲜活的生命，还有 31.87% 的案件导致重伤，38.54% 的案件导致轻伤。涉及强奸罪和强迫卖淫罪的校园暴力中，16 ~ 18 周岁的未成年人占最大比例，呈年轻化趋势。由于各种原因，没有被报道和统计的校园暴力案件远远不止这些。

校园暴力，绝不是小孩子闹着玩那么简单。

※ 被暴力的身体，被霸凌的灵魂

校园暴力带给青少年的伤害，不限于被施暴的当下。在施暴者挥舞着拳头谈笑风生时，被施暴者的噩梦才刚刚开始……

2018 年 9 月，电影《悲伤逆流成河》的上映再次引发人们对校园暴力的热议。电影女主角易瑶因为家庭条件、母亲的职业和身体疾病而遭到同学们的嘲笑，受尽欺凌。从一开始的忍受到奋起反抗，从遭受威胁，到被人误解，易瑶承受的不仅仅是身体上的疼痛，更有语言的侮辱、精神的折磨，最后她选择了一条不归路结束这一切。

由于青少年年龄小，心理承受能力差，被施暴者所遭受的虐待以及血腥的场面会导致一种“创伤后应激障碍”，比如在现场呆若木鸡，不知所措，但是过后会不断回忆起被施暴时的场面，引发失眠、焦虑、恐惧，严重的还会导致抑郁等精神障碍。

被施暴的孩子处于校园暴力的阴影中，容易产生厌学情绪，导致学习成绩严重下降。受到严重暴力伤害的孩子，不得不住院治疗或者休学，正常的学习生活被迫中断。即使身体康复了，他们还是会对学校产生恐惧感，因为遭受校园暴力不得不给孩子转学甚至举家搬迁的例子更是不在少数。还有一些孩子自我认知下降，在自卑绝望中进行自我伤害，严重的还会自杀；有些偏激的孩子在情绪失控的情况下还会做出杀人的举动，或者成年后出现报复社会的行为。

2018 年 4 月，陕西米脂县一所中学门口，一名男子持刀刺杀 19

名学生，其中包括 14 名女生和 5 名男生。根据媒体报道，这名 1990 年出生的罪犯就是这所中学的毕业生，而他杀人的举动，就是源于在校期间曾经受到同学欺辱，于是寻求报复。

电影《悲伤逆流成河》中，小米对易瑶施加暴力的最大原因是嫉妒。易瑶和齐铭从小一起长大，感情要好，小米非常羡慕。而易瑶无意中发现了小米转校的秘密——小米在原来学校遭受校园暴力——加重了小米的报复心理。一个人遭受欺凌久了，会发生心理扭曲，甚至从受害者变成施暴者。

校园暴力让孩子缺乏安全感，为了保护自己，他们要么逃学，要么选择“以暴制暴”。通过结交各种帮派或者社会人员来“保护”自己，遇到问题也通过暴力解决，于是受害者成为施暴者，反过来导致更多的校园暴力行为。

施暴者的父母同样需要警醒。不要以为自己的孩子“强悍”，未来就可以高枕无忧，他们会因为霸凌需要面对更加艰难的人生，甚至走上犯罪的不归之路。那些施暴的学生，如果不及时加以纠正，这种“用暴力可以解决问题”的观念会延续下来，成年后他们会表现出更强烈的施暴倾向，越发漠视别人的生命，造成更大的社会危害，甚至挑战法律的权威，在犯罪的泥潭中越陷越深。

在校园暴力中，没有胜利者。

※ 预防暴力，比事后惩处更重要

最近，一则“7岁儿子被同班小朋友欺负，妈妈带着儿子勇闯教室打回去”的网络新闻刷爆朋友圈。

对此，有人支持打回去，有人觉得不要“以暴制暴”。

事实上，“要不要打回去”背后隐藏的更深层次的问题是：孩子在面对校园暴力时，到底该怎么做？是为避免激化矛盾和更大伤害而选择忍耐，还是奋力反抗，以牙还牙？

在一次演讲现场，有人向中国公安大学犯罪心理学专家李玫瑾教授抛出了类似的问题：“如果您的小孩有一天跑过来跟你说‘同学欺负我，还打我’，你会怎么办？”

李教授的回答让很多人意外：“打回去。”

随后，她给出了自己的解释：打回去，不是在纵容暴力，而是在用另外一种方式减少暴力。

的确，针对校园暴力，事后适当的惩处和教育是必要的，但是为了防止孩子遭到更大的伤害，提早预防更为重要。

面对即将来临的校园暴力，孩子的自我保护显得尤为重要。作为家长，首先要让孩子懂得，遇事不能怯弱，面对超越底线的侵犯和侮辱，要勇敢说“不”；从小重视孩子自尊的建设，让他懂得，有些事情别人不能做。

其次，孩子越表现得畏首畏尾，施暴者越有一种高高在上的优越感和掌控别人的快感，导致暴力一而再，再而三地发生。欺软怕硬、恃强凌弱，是一种常见的劣根性，成人有，孩子也有。一旦施暴者失去敬畏之心，就会变本加厉，无法无天，被施暴者会陷入永无止境被欺负的恶性循环之中。与其这样，不如在最初就勇敢面对。因为一旦退缩畏惧，噩梦就真的来了。

事实上，李玫瑾教授“打回去”的言论真正表达的，是面对校园暴力的一种积极态度，家长要鼓励孩子勇敢说“不”，而不是畏缩逃避。这样做，无论是对于孩子积极性格的养成，还是对被施暴者形成震慑，防止校园暴力的继续和加深，都有积极的意义。教会孩子保护自己，用适当的方式反抗，让对方明白自己的底线，把别人的恶意试探扼杀在摇篮里，这样才能避免更多、更深的伤害。无论是孩子还是成年人的世界里，这都是人际交往中很重要的一环。

当然，老师和家长对施暴少年的教育和引导也是非常重要的。说到底，除了影视、游戏中的暴力行为和血腥画面给青少年的错误引导，以及学校片面追求升学率、忽视德育等原因，校园暴力很大程度上还是根源于家庭。有调查跟踪发现，很多施暴的孩子都有着类似的家庭背景：要么家庭优渥，父母对孩子关注较少，疏于管理，不能及时纠正孩子的错误行为，导致孩子没有形成正确的是非观；要么家庭氛围紧张，家长习惯用打骂的方式教育孩子，父母一方或者孩子有被家暴的经历，所以孩子养成了处理问题简单粗暴的思维模式和行为方式。

在家庭教育中，父母要多传递宽容、友爱和坚强：自己越是强大，越不能以大欺小；反过来，如果有人想欺负你，不要怕，勇敢面对。希望下一次：让女孩子们相约天台的，是一场缤纷灿烂的流星雨；让男孩子们相约操场的，是一场酣畅淋漓的足球赛。让校园成为世间的一片净土，从拒绝校园暴力开始。

别碰我的孩子

> 在孩子的性成长史中，父母往往旷课，却一直以为还没开学。
>
> ——林奕含《房思琪的初恋乐园》

※ 冰山下的一角

2017 年 4 月，台湾女作家林奕含在家中悬梁自杀。在两个月前，她的首部长篇小说《房思琪的初恋乐园》在台湾出版。自杀前 8 天她在接受媒体采访时曾说：“这个故事折磨、摧毁了我的一生。”而她口中的“故事”，正是小时候发生在自己身上的性侵经历。

2018 年 5 月，一部名叫《信笺故事》的电影在美国上映。该片导演詹妮弗·福克斯在影片中勇敢还原了自己少年时期经历的不幸。影片中，故事的女主人公 Jennifer 年近五十，算得上是社会成功人士。但母亲偶然发现的一本信笺，揭开了一段尘封多年的往事。信笺中，Jennifer 以少女的语气，用经过美化修饰的笔触，记录了自己的“初恋”，对方是年长自己很多的马术教练。然而随着真相像剥洋葱似的一层一层被揭开，信笺记录的其实是发生在Jennifer 13岁时的一段遭受性侵的黑暗往事。她以为的轰轰烈烈的爱情，不过是成年人诱奸未成年少女的罪行。

世界是美好的，但是在黑暗的角落，依然有罪恶在潜生暗长。

孩子是纯真的，依然有人泯灭良知，伸出了可怕的魔掌。

这就是性侵。

不要以为以上只是个案，儿童性侵远比我们看到的要多得多。

2017年性侵儿童案例报告显示，在当年公开的儿童性侵案例中，受害儿童超过606人。也就是说，每天有1.66个孩子遭受性侵。其中女童占比90.43%，熟人作案占比高。

2018年，中国少年儿童文化艺术基金会女童保护基金发布的“女童保护”性侵儿童案例统计及防性侵教育调查报告显示，当年媒体报道案例共317起，受害儿童超过750人，其中熟人作案210起，占比为66.25%。尤其需要注意的是，在210起熟人性侵案例中，师生关系案例达71起，占比33.80%。让人惊讶的是，老师、邻居，甚至亲人，这些我们熟悉和信任的人似乎都不再安全。

调查数据和媒体曝光的性侵案例让人触目惊心！

广州学校负责人猥亵17名10岁左右女童；云南男教师猥亵7名女童；海南万宁小学校长带女生开房；四川一名7岁女童被门卫性侵；云南昭通小学保安性侵多名女生；江苏12岁女生被继父强奸

致孕……

媒体报道的年龄最小的受害者仅仅几个月！

实施上，儿童性侵案的隐案率是 1 ∶ 7。也就是说，1 起公开曝光的儿童性侵案背后，有 7 起已经发生的性侵。由于性侵案件的特殊性，更多的性侵儿童和家庭选择了沉默，使得真实的性侵数据难以统计和报道。

儿童性侵，鲜血淋漓。我们看到的，只是冰山下的一角。

※ 性侵，只是伤害的开始

不要以为孩子小，就会很快遗忘。

在所有的侵害类型中，性侵给人的伤害是最严重的。遭受猥亵和性侵的孩子，轻则封闭自我、拒绝与人交往，重则患上抑郁症、狂躁症，甚至自杀……童年的黑暗经历，终其一生都无法冲刷干净。

即使有人侥幸迈过了这道坎，心灵的创伤和恐惧的阴影也会纠缠其一生。一项研究发现，受到性侵害孩子的心理健康测试量表中有 9 个因子（躯体化、强迫症状、人际关系敏感、忧郁、焦虑、敌对、恐怖、偏执和精神病性）的得分要明显高于无性侵经历的孩子，因为受害儿童过早地以一种非正常的方式获得了有关性方面的经历和知识，从而严重影响他们日后所形成的性观念和性行为。很多被侵害的儿童成年后恐惧异性之间的亲密，厌恶身体接触，甚至改变了性取向，成为不被大众认可的同性恋。

这和人的心理素质和承受能力无关。

对于还未成年的孩子来说，性侵伤害的不仅仅是他们的肉体，带给他们心灵的更是无尽的折磨。性侵不仅否认了受害儿童的行动力，更违背了他们的个人意愿和人格。这种伤痛无法释怀，亦无法倾诉，驱使他们不断地自我压抑、自我否定、自我厌恶，为了遗忘痛苦，逃避折磨，很多人用极端的方式来伤害自己，对抗世界。

2017 年 7 月 20 日，林肯公园 Linkin Park 主唱 Chester Bennington 在家中上吊自杀，年仅 41 岁。一个摇滚时代的巨星就此陨落。

与此同时，一件和他自杀密切相关的事情——性侵，再度引起人们的关注。

Chester Bennington 曾在受访时透露，自己从 7 岁开始遭到一名男子性侵，这种情况一直持续到他 13 岁。虽然因为性侵者本身也是受害者，Chester 选择不再追究，但是性侵还是毁了他。他坦言要靠药物和酒精麻醉自己，甚至有过无数次自杀的念头，是音乐让他挺了过来。

我们不曾想到，舞台上疯狂嘶吼和热血沸腾的背后，是 Chester Bennington 充满撕裂和挣扎求生的灵魂。

他在歌词中写道：

It doesn't even matter（却没有一丝效果）

How hard you try（无论我如何挣扎努力）

I tried so hard（我曾努力挣扎）

And got so far（走到现今）

But in the end（最终才发现）

It doesn't even matter（原来都无济于事）

I had to fall（沉沦于此）

To lose it all（失去所有）

But in the end（最终才发现）

It doesn't even matter（一切都是徒劳）

他努力过，挣扎过，最终还是没能逃出童年被性侵带来的巨大阴影。

同样选择用结束生命来忘记痛苦的林奕含在接受采访时的一段话，也深刻揭示了性侵给她带来的无尽痛苦。

她说：

“我的精神科医师在认识我几年之后，对我说，‘你是经过越战的人’。”

“然后又过了几年，他对我说，‘你是经过集中营的人’。”

“后来他又对我说，‘你是经过了核爆的人’。”

“集中营是人类历史上最大规模的屠杀。”

“但我要说，不是。人类历史上最大规模的屠杀，是房思琪式的强暴。”

一个成人一小时的兽行，足够毁掉一个孩子的一生。

※ 不要再说性教育太早，魔鬼永远不嫌孩子太小

大部分中国父母认为没有必要过早对孩子进行性教育，也羞于和孩子谈性。就像《房思琪的初恋乐园》中女儿问母亲：“我们的家教好像什么都有，就是没有性教育。”妈妈诧异地反问道：“什么性教育？性教育是给那些需要性的人。所谓教育不就是这样吗？”

正是这样的教育漏洞，让很多人将性侵的魔爪伸向年幼的孩童。因为孩子们乖巧、无知、没有自我保护意识，更没有性侵知识。曾经有人专门做了儿童性侵实验：实验中，一个叔叔诱引孩子们脱下衣服。让人意外的是，几乎所有的孩子都懵懂地选择了顺从。

我们以为孩子懂得反抗，其实我们错了。

作为家长，究竟该怎么预防孩子遭受性侵？

拒绝陌生人吗？儿童性侵很大比例都是熟人所为。

对孩子进行 24 小时看护？不现实。

将孩子隔离，不接触任何亲戚朋友老师？更不可行。孩子终究要成为社会的一员。

电影《请回答 1988》里善宇说：“听说神无法无处不在，所以创

造了妈妈。”但是妈妈也不是无处不在。父母不可能随时守护孩子，所以正确的性教育是对孩子最大的保障。帮助孩子树立正确的两性观念，当孩子面对性侵危险时，才能独立判断，勇敢拒绝，尽力保护自己，远离危险。

对于孩子提出的有关性方面的问题，父母要正面回答，不要遮遮掩掩，更不能撒谎糊弄。让孩子建立清晰的性别意识，告诉他们哪些隐私部位是别人不能碰的。尊重孩子的身体界限，教会孩子勇敢说“不”，不要强迫孩子无条件顺服。

很多孩子即使遭受性侵犯，也不作声。除了因为年龄小，对性侵认识有限，不明白自己遭受了性侵，还有几个不容忽视的原因：比如性侵者威胁孩子或者哄骗孩子，这是两人的秘密；孩子害怕父母不相信自己，或者觉得自己做错了事。

所以，父母要教育孩子不要轻易为他人保守秘密。美国比较心理学家凯洛格博士曾经说过：“一旦性侵犯的犯人知道这个孩子不会保守秘密，他对孩子实施性侵犯的可能就会减少。”让孩子明白，有些秘密是不安全的，比如有人触摸自己的私密部位。

多与孩子交流，给予孩子充分的关注。而关注最重要的方式，就是倾听。只有真正倾听孩子的心声，他们才愿意表达。2018 年，美国体操队队医纳萨尔因涉嫌性侵，被判入狱 40 ～ 175 年。法庭证词显示，纳萨尔以“医学治疗”为幌子，在几十年的从业过程中性侵了 100 多名未成年女孩，其中包括多名奥运冠军。这件丑闻原本可以早点儿被揭发，让很多孩子免于受侵害。纳萨尔好朋友的女儿凯尔·斯蒂芬斯是第一个出庭的证人，她勇敢地承认，从 6 岁到 12 岁，纳萨尔对自己实施了多次性侵。年幼的斯蒂芬斯曾经向父母诉说了这些遭遇，但是父母最终选择了相信纳萨尔的诡辩，还痛斥女儿撒谎。纳萨尔的行为被揭露之后，斯蒂芬斯的父亲因为无法原谅自己选择了自杀。

如果孩子不幸遭到性侵，父母不要沉默，不要恐慌，更不要指责嘲讽。现实中很多性侵事件发生后，社会上的各种冷嘲热讽和家长的粗暴责骂会对孩子造成无法挽回的二次伤害，毁了孩子对这个世界的最后一点儿希望。要让孩子知道，父母永远支持她，这一点尤为重要。

我曾看过一个性侵案例。女孩被英语老师强暴后打电话给父母，父母 15 分钟后就赶到了学校，还带来了警察。随后，英语老师被捕。父母让女儿这样对别人解释：她和英语老师发生了矛盾，然后他打了她……就这样，除了学校少数领导了解内情，其他人都不知情，把外界舆论对女孩的伤害降到了最低。随后，父母带女孩进行心理治疗。

长大后的女孩没有因为此事受到太大的影响，开朗而乐观。她知道无论发生什么，父母永远爱她，保护她。对于孩子来说，最重要的不是发生了什么，而是父母的态度和应对方式。做强大、有爱的父母，才能大大减少孩子受伤的心理阴影，帮助孩子慢慢走出噩梦。如果父母比孩子还软弱，孩子就毁了。

自杀之殇

> 自杀只能是软弱的表现。因为寻死比坚韧不拔地忍受苦难的生活肯定要容易。
>
> ——歌德《少年维特的烦恼》

※ 青春的花朵早早凋零

先来看一组调查数据：

国际平均自杀率为十万分之十，中国平均自杀率为十万分之二十三，也就是说，中国自杀率是国际平均数的 2.3 倍。

中国每年自杀人数近 30 万，其中 5 ~ 24 岁的自杀人数达 15 万以上；除了自杀成功者，每年还有约 250 万的自杀未遂者。

在我国，每两分钟就有 1 人死于自杀，8 人自杀未遂。实际自杀人数比公布的数据要高 3 ~ 5 倍，也就是说，我国自杀人数可能每年有 60 万人以上。

更让人震惊的是，自杀在我国明显有低龄化趋势，未成年人自杀的比例呈上升趋势。据调查，导致 15 ~ 34 岁人群死亡的首要原因是自杀，中国每年自杀的儿童约为 2580 人。

一项上海中小学生的调查数据显示：24.39% 的中小学生曾有过自杀念头，认真考虑自杀的占 15.23%，曾经设计自杀的有 5.85%，1.71% 的学生实施了自杀，但是自杀未遂。

一个不容忽视的严峻现实是：中国青少年自杀率居全球第一，中国已经成为儿童自杀第一大国。

以下是 2018 年 3 ~ 4 月网络上关于青少年自杀的不完全报道：

3 月 19 日，江西省一名高三学生自杀身亡；

3 月 28 日，湖北省一名 16 岁学生自杀身亡；

3 月 29 日，山西省一名初二学生自杀身亡；

3 月 31 日，江苏省一名 16 岁学生自杀身亡；

4 月 2 日，山东省一名 13 岁学生自杀身亡；

4 月 12 日，河北省一名高一学生自杀身亡；

4 月 19 日，江苏省一名 14 岁男生自杀身亡；

4 月 26 日，江苏省一名五年级学生自杀身亡；

4 月 25 日，吉林省两名女生自杀身亡……

春天是生机勃勃、万物复苏的季节，这些花季少年却选择在萌发希望、茁壮生长的季节凋零。

难道他们真的经历了常人难以想象和无法承受的痛苦？

令人惊讶的是，很多孩子的自杀，好像并不是有无法言说的痛苦和难以逾越的人生苦难。调查发现，青少年自杀多是源于生活中的一些常见问题。比如，跟父母吵架、跟同学闹别扭、被老师批评、学习压力大。甚至还有一些是因为看起来鸡毛蒜皮的小事。比如，家长不让看电视、老师没收手机、同学起了一个外号、不想考试等。

这样的自杀理由着实让人难以理解。到底是什么把还未绽放的生命推向了坟墓？到底是什么让珍贵的生命如此被轻视？

※ 家庭造就的性格弱点是内因

每一个自杀个案的背后，都有着不同的原因，相同的是自杀都是内因和外因共同作用的结果，孩子的心理承受力、外部环境压力、缺少家庭情感支持和具体的诱因都脱不了干系。

无论外部原因是什么，也无论导致自杀的直接原因是什么，有一点不可否认：除了一些遗传性精神疾病的特殊个例，凡是有自杀行为的青少年，大多性格脆弱、心态消极。调查发现：内向、自我封闭、固执己见的人，自控能力差的人，自杀的概率更高。外因最终通过内因起作用，大多数青少年都会面临学业压力和人际关系矛盾的问题，一时的失望和消极在所难免。性格良好、心理健康的孩子能够积极乐观地处理问题，并通过心态的调整和个人的努力改变现状，而不是通过自杀逃避现实。而内向、忧郁的孩子，不爱与人交往，朋友不多；

他们遇事容易冲动，凡事爱钻牛角尖，遇到不顺心的事情会心灰意冷、意志消沉；看问题绝对化、偏执走极端，遇到一点儿挫折就觉得难以承受，这些性格上的弱点才是诱发自杀的根本原因。

2019 年 4 月，武汉理工大学一名 2018 级本科生跳楼自杀。从网络晒出的遗书中看，学生自杀是因为一名任课老师在课上宣扬内向的学生没有未来，到了社会上也不会有大出息。这名学生非常认同老师的看法，他认为自己性格内向，一无是处，毕了业也找不到工作，会成为家庭的累赘、社会的负担。与其这样，还不如早点儿结束自己的生命。如果网曝的遗书是真的，说明这名学生的心理承受能力是非常差的。我们且不去驳斥老师言论的错误和不当，在这个事件中，惋惜年轻生命逝去的同时，学生消极的心态和脆弱的心理素质更值得深思。

而孩子性格的形成，又跟家长、家庭环境、家庭教育密切相关。可以说，孩子的性格是父母性格的投射，父母无意识营造的家庭环境，或和谐、或紧张，父母无意中表现的感情关系，或相亲相爱，或剑拔弩张，都会对孩子造成潜移默化的影响；而父母是否重视孩子良好性格的培养，生命教育和挫折教育是否缺失，更是影响孩子心态和行为的关键因素。

当父母采取过分保护的教养方式，孩子会依赖性大，受挫能力低，适应性差，他们难以承受压力，更不知如何解决问题。在干涉型教养方式下长大的孩子，做事缺乏主见，性格优柔寡断，容易累积消极抑郁的负面情绪。严厉型教养方式更复杂，可能培养出两种截然不同性格的孩子。一种是屈从于父母的严厉变得性格懦弱，做事胆怯，人际关系中多表现出自卑；还有一种会因为反感父母的严厉选择反抗，但是反抗的方式是复制父母的行为习惯，表现为暴躁易怒、做事冲动。

真正健康的教养方式是温暖、自由的，对孩子充满理解和尊重。父母善于倾听，孩子乐于倾诉，父母了解孩子的真实想法和内心需求，培养他们独立思考的习惯，鼓励他们勇于表达自己、发展自己、丰富自己，也能心平气和地吸取别人的意见。这样的孩子情绪更稳定，内心更坚定，即使遇到困难和矛盾，也能以一种包容和积极的态度应对。

※ 父母的守护缺失，让外部压力逆流成河

当然，除了内部原因，外部原因也是导致青少年自杀的重要因素。比如人际关系僵化，跟老师同学关系不和谐，不能与周围的人融洽相处，很难找到倾诉的对象，长久下来会在内心积聚各种痛苦、压抑。再如家庭矛盾，父母不和、吵架离婚，孩子长期得不到家庭温暖，容易产生自卑、愤恨，甚至厌世心理。再有遭受意外的挫折和打击，比如学业受阻、考试失败、失恋等，都可能让青少年心灰意冷，产生悲观绝望的消极情绪。此时，父母的影响和疏导就非常重要了。

首先，由于青少年的性格、价值观、人生观都不完善，很容易受到外界因素的影响。比如学业竞争激烈，老师、学生相互比较，孩子本来就容易焦虑、紧张、疲惫。如果父母再过于看重学习成绩，对孩子报以过高期望，孩子承受的压力自然更大，在面对学业挫折甚至重大失败时，会产生强烈的自责心理。

2018 年 4 月，美国旧金山大学一名中国留学生吞枪自杀。5 月，纽约大学医学院一名华裔女生上吊身亡。同月，圣塔芭芭拉加州大学的中国留学生失联，几天后遗体在圣塔内兹山中发现，死因也是自杀。这些大学生的离去，都指向了同一个关键词——学业。专业学习的不堪重负、自己与家人的过高期待、对家人的愧疚，对未来的迷茫，最终催生了一个又一个悲剧。

其次，父母是否和孩子有一个良好的沟通。做孩子的朋友，取得孩子的信任，孩子在受了批评或委屈时，才愿意跟父母倾诉，让问题得到及时的解决。父母要多跟孩子谈心，及时发现孩子的负面情绪并有效疏导，孩子才不至于采用错误的方式压抑自己，甚至用极端的方式逃避问题。

自杀是内因和外因共同作用的结果。作为家长，有意识地培养孩子良好的性格，让孩子在面对外部压力和挫折时积极面对。同时，良好的性格本身就是人际关系的催化剂，性格好的孩子更容易交到朋友，可以快速融入圈子，建立和睦的人际关系，从一定程度上也避免了人际矛盾的产生。重视生命教育，教会孩子珍惜生命，不过分强调成绩的重要性，不对孩子报以他们难以承受的期望，与孩子平等相待，做他们的朋友，多关注他们的情绪变化，积极疏导不良情绪，才不会让沟通的渠道堵塞，才不会让他们对最爱的亲人失去信任、在绝望的关头倾诉无门，才不会让毕不了业、找不到工作、老师的一次批评、同学的一次嘲讽成为压倒骆驼的最后一根稻草。

当花苞凋落、生命不在，再美好的希望都只能落地成泥……

花季少年举起屠刀，谁之过

> 罪恶比贫穷更可怕。
>
> ——奥斯特洛夫斯基《得来容易，去得快》

※ 孩子的对外互动模式，源于与父母的互动

这是一个极其沉重的话题。

最近，随着“中科院研究生被刺案”开庭审理，大学生杀人犯罪再次引发社会的关注。从“马加爵事件”到“复旦投毒案”，再到如今的“研究生被刺”，这些接受了高等教育，即将走入社会，开启人生大幕，本该作为家庭支柱、肩负社会明天的大学生，却沦为了杀人恶魔。

近年来，学生杀人案件屡次见诸报端，形势远比我们想象的要严峻。犯罪年龄越来越低龄化，其犯罪手段之残忍、杀人原因之古怪，让人震惊。最可怕的是，很多犯罪都发生在朝夕相处的同学之间。

2018 年 10 月，广西 13 岁少女因为妒忌同班同学比自己漂亮，将

其残忍杀害并进行了肢解。

2019 年 1 月，涟源市一名 13 岁学生用匕首杀害同班同学，只是因为两人打球时发生了矛盾。

2018 年 6 月，山东省淄博市发生了一起震惊全国的凶杀案，学生秦某挥刀捅了同学马某，原因是没有人家考得好。对于杀人动机，只是一句轻飘飘的“杀了他，我就是班级第一名了”。

据媒体报道，马某的成绩一直在班上名列前茅，稳居第一。秦某长期屈居第二，积怨已久。此次考试前，秦某就警告马某说：“如果你这次考得比我好，我就杀了你。”事后，虽然老师和家长都批评了秦某，但是都没有当回事，认为这不过是小孩子间的玩笑话，没料到，会酿成这么严重的后果。

适当的嫉妒是好事，可以激发孩子的上进心，努力提升自己。但是极端的嫉妒会蒙蔽心智，冲昏头脑，让孩子做出极端的事情，甚至成为魔鬼。作为父母，既要重视学习成绩，又要善于跟孩子沟通，及时纠正错误的三观和扭曲的心灵。不过分指责孩子的失败，培养他们面对失败自我反思的能力，把时间花在思考别人比自己优秀的原因和如何提升自己上，而不是把时间浪费在郁闷、沮丧上，甚至是算计着如何报复别人。

学生之间的矛盾，很多时候不是一方的原因。青少年杀人，主观上有情绪失控冲动杀人的因素，客观上有外部因素激化矛盾，但是究其深层次原因，还是人格缺陷、抗挫能力差和人际冲突解决能力不够。

而家庭教育的缺失，才是造成孩子问题的根源。

一个温馨和睦的家庭，父母的理解、接纳，能帮助孩子以良性的方式转向外界，愿意倾诉，寻求他人的理解与支持。这些良性的人际互动方式是孩子从与父母的互动中习得的。如果父母没有给予孩子足够的关爱，更多使用控制、责骂甚至家暴，孩子就不懂得如何与老师、同学良好相处。尤其一些男孩，再有机会接触社会不良人员，沾染打架斗殴的坏习惯，就更容易使用暴力方式宣泄压力和不满。在家庭教育中，父母要多融入沟通交流、情绪管理、人际交往、性格培养等方面的内容。如此，很多悲剧或许就可以避免了！

※ 溺爱，会成灾

家庭教育的失败，引发的不仅是学生间的悲剧，有些孩子甚至将举起的屠刀砍向自己的父母。

盘点过去的 2018 年，一桩桩未成年人弑亲血案，让人不寒而栗。

2018 年 12 月 2 日晚上，湖南沅江一名 12 岁男孩持刀杀死母亲。当时母亲看到儿子吸烟，非常生气，于是用皮带抽打了儿子，男孩冲到厨房拿起菜刀砍死了母亲。事后，他还镇静地给老师发短信，谎称自己生病了要请假。面对警察的讯问，男孩竟然毫无悔意：“我又没杀别人，我杀的是我妈妈。”

2018 年 12 月 31 日，湖南衡南县一名 13 岁的男孩用锤子锤死了双亲。起因是男孩沉迷网吧，跟父亲要钱被拒绝。事发后，他还淡定地去网吧玩了两个小时然后逃逸。

这两起悲剧仅仅相隔二十几天，在寒冷的冬季，让人震惊叠加，冰冷彻骨。

父母是这个世界上最爱我们的人，给予了我们生命。为了孩子，他们愿意做出任何牺牲。我们无法理解，更无法想象，年幼的孩子用残忍至极的方式杀害父母。面对至亲，他们如何下得了手?

仔细分析，这两个案例有很多关键词是重叠的：家庭教育缺失，父母疏于管理，溺爱……

沅江 12 岁弑母男孩案件中，妈妈也有一定的责任。她和孩子没有深刻的交流，而是通过暴力解决问题，但是更深层次的原因是男孩从小接受的溺爱养育。男孩父母一直在外打工，所以把他交给爷爷奶奶抚养。孩子从小要什么就给什么，被老人宠坏了。即使偷了家里的钱，爷爷也不批评。几年前，孩子妈妈回到老家，生下了第二个孩子，男孩也重新回到妈妈身边。看到儿子的不良习惯，妈妈严厉管教，但是因为从小被宠坏了，男孩一直对妈妈的管教怀恨在心。当警察问他为什么杀死自己的妈妈时，男孩说：“我恨她。”

13 岁锤杀父母的衡阳男孩，家里一共四口人：爸爸、有智障问题的母亲和姐姐，还有他。正是这样的家庭结构，导致男孩被爸爸寄予厚望，备受宠爱。他想干什么，想要什么，都会被满足。根据亲友们反映，男孩迷上上网后，爸爸因为担心孩子上网受到不良影响，总是放下手里的活儿陪着儿子，因为担心孩子饿着渴着，还特意备好牛奶或饮料供孩子随时享用。孩子在学校犯错了，父亲只是一味地向老师道歉，却从来不会批评管教儿子。

李玫瑾教授说过：“没有人性，是生命初期的抚养出了问题。”一般来说，孩子出现问题多在 12 岁之后，但是根源是 12 岁之前的抚养方式。比如，凡事都以孩子为中心，孩子一旦哭闹父母立马妥协，过于袒护孩子等。父母爱孩子是人之常情，但是溺爱过度，不是爱，反成害。当你总是把最好的饭菜留给孩子，他就会认为你吃剩菜剩饭理所应当；当你对孩子的要求有求必应，他就会觉得“老子挣钱儿子花”天经地义，于是三天两头跟你要钱买东西。一旦要求不被满足，孩子就会产生强烈的逆反心理。

在这两个未成年犯罪案件中，除了溺爱，父母陪伴的缺失也是造成孩子问题的重要原因。第一个 12 岁男孩是典型的留守儿童，父母外出打工，爷爷奶奶隔代抚养；第二个孩子算不上严格意义上的留守儿童，但是妈妈和姐姐都有智障，爸爸忙于生计，一个人撑起全家，所以很少有时间陪伴孩子。

教育作家尹建莉曾说：“仅有血缘是不够的，父母和孩子之间的感情，必须要有相处时间的长度和频次。”父爱母爱及父母的陪伴，是对孩子最自然、也是最好的教育，一旦缺失，会给孩子的性格埋下巨大的隐患。在孩子还小的时候，尤其是 12 岁之前，父母要给予完整的爱和足够的陪伴。

孩子成长的机会，一生只有一次；童年爱和陪伴的缺失，却会影响他们一生。

※ 管教太严，造就危险人格

不是所有未成年杀人事件都源于溺爱或缺失陪伴。甚至一些良好背景的家庭，也会出现这样的惨剧。

2016 年 2 月，北大高才生吴谢宇弑杀母亲的消息震惊全国。事发前，他网购了刀具、塑料薄膜、胶带、活性炭、摄像头，杀死母亲后，他将母亲尸体用塑料薄膜包裹好，并用活性炭吸臭味，还伪造母亲笔记替她辞职，借母亲的名义向亲友们借了 140 多万元，制造了母亲到国外陪读的假象。

事实上，悲剧早在半年前就发生了，也就是 2015 年 7 月暑假期间。而直到 2016 年 2 月，家人才发现问题并报案，而这还源于吴谢宇主动发来的一条短信。

2019 年 4 月，吴谢宇在机场送人时，被警方抓获。

这个获得过全国物理知识竞赛三等奖，人称“宇神”，被北京大学提前录取，GRE 成绩接近满分，排名全球前 5% 的学霸，为何要杀亲弑母?

时至今日，公安机关还未公布吴谢宇弑母的原因，真相依然成谜。但是根据此前媒体报道中亲朋好友的描述，我们似乎可以勾勒出这个天才少年过往的人生轨迹……

吴谢宇的母亲——谢天琴是一位初中历史老师，是家族里唯一的大学生。在同事和家人眼中，谢天琴传统、坚强而内向。她很少参加学校组织的活动，和同事关系也比较浅淡。在她的严厉管教下，吴谢宇的学习成绩非常优异，自觉性非常高。随着丈夫病逝，谢天琴变得敏感易怒，对儿子的严厉程度更甚从前，这加剧了母子之间的矛盾。

我们暂不得知，事发当天两人到底为何起了争执。也许对于谢天琴来说，这次吵架不过是母子俩之间再平常不过的一次沟通；而对于吴谢宇来说，这次的不愉快触发了他心中对母亲积压多年的不满，于是它们像火山喷发一样瞬间爆发了。

不管是案发时，还是被捕后，国人对此事的关注度极高，而网络上关于吴谢宇的讨论更是从来没有停止过。人们好奇、惋惜、震惊，更多是不解，是对家庭教育的反思和省视。

家长辛苦付出，只是希望孩子学有所成，未来出人头地，却没想到还有一种“问题学生”，是学霸型的好学生！当家长只关注孩子的学习成绩，忽略孩子的心理感受，一味严厉的管教，就不能与孩子建立良好的亲子沟通和情绪共融，无法拉近跟孩子的心灵距离，更不能体察孩子内心的想法。当孩子压抑太久，心理会逐渐扭曲，当负面情绪积累到一定程度，就会在瞬间失去理智，突然爆发。

2017 年 12 月，四川大竹县一名 43 岁的妈妈被 13 岁的儿子持刀杀害。原因是孩子怨恨妈妈对其管教过于严格。

2016 年 9 月，山东青岛一名 17 岁少年用斧头砍死 40 多岁的母亲，并将母亲的尸体埋在院子里。而弑亲的原因，是母亲多年来将儿子锁在家中不许外出，理由是外面太危险了。

《贵州都市报》曾经报道，一对年仅 15 岁的双胞胎姐妹用老鼠药将亲生父母毒死。姐妹俩从小在姨妈家寄养，直到小学三年级才回到父母身边。夫妇俩对女儿们的管教十分严格，引起了两个女儿强烈的逆反心理。因为两姐妹没有考上重点高中，被父母严厉责骂，于是两人起了杀心。她们先后用煤气、老鼠药两次试图杀害父母，都没有成功，最后两个女孩把 6 瓶老鼠药放进饭菜中，终于将父母毒死。

一起起杀亲案件，触目惊心，最单纯的孩子，在最天真的年龄化身恶魔，挥舞着屠刀砍向最爱他们的家人！

令人痛心之余，更引人深思。青少年杀人犯罪是家庭教育失败的直接体现。父母不能只是严厉地管教，甚至用暴力使孩子屈服。只有克服家长作风，给予孩子充分的尊重、理解、爱和空间，多站在孩子的角度看问题，真正构建温馨、和谐、平等的亲子关系，才能塑造孩子健康的人格。

父母倾其所有，到底想让孩子成为一个什么样的人？成绩固然重要，但是内心缺少了人性和良知，没有了骨肉亲情，是父母的不幸，更是孩子的悲哀。没有一个孩子天生是恶魔。杀人少年犯所欠缺的，或许只是一个温暖的家庭和一份恰当的教育。

第三章
情商教育，幸福的密码

父母相爱，孩子才有满满的爱

> 他是世界上最快乐的，因为他的家庭和睦。
>
> ——歌德

※ 吃“狗粮”长大的孩子，有最好的模样

有些爸爸会调侃自己家庭地位低，孩子第一，妈妈第二，自己第三。如果家里再养着宠物，爸爸就成“千年老四”了。这里面固然有玩笑的成分，但是也多少反映了大多数中国家庭的真实现状。

没有孩子之前，夫妻享受甜蜜的二人世界，彼此都是自己心中最重要的人；有了孩子后，“老公老婆”的角色逐渐被“爸爸妈妈”取代。孩子成了全家的中心，为了给孩子最好的生活环境和教育资源，日子过得忙碌而焦灼。

夫妻之间少了关爱、包容，多了不满和指责，家庭氛围也变得紧张，甚至火药味十足。孩子生活在这样的环境中，整天小心翼翼，担惊受怕，甚至最后因为父母矛盾升级而离婚要在单亲家庭中长大。

这违背了为人父母爱孩子的初衷。

在阐述幸福家庭关系时，著名家庭排列系统的创始人海灵格做过这样的描述：夫妻俩亲密地并肩站立，孩子站在父母前面的中间位置，三人形成稳定的等腰三角形关系。

也就是说，良好的家庭关系中，第一位是夫妻关系，第二位才是亲子关系。夫妻是主体，夫妻关系是家庭的根。如果把家庭比作一棵大树，夫妻就好比是主干，孩子是树枝，只有主干健康，才能给树枝提供充足的营养。

恩爱的父母、稳定的夫妻关系，才能给予孩子更好的爱，孩子才能感受到家庭的温暖。心理学家 Susan Orenstein 说：“父母之间的恩爱，可以让孩子感到安全和稳定。”可以说，孩子全部的安全感都来自父母。爸爸妈妈相互关爱、彼此照顾，家里总是洋溢着爱，孩子就会感觉到温暖而有力量。套用一句现在流行的网络语就是：吃“狗粮”长大的孩子，才有满满的安全感。

演员黄磊曾说：“我非常反对夫妻变成亲人，我的母亲、我的女儿是我的亲人，我的妻子永远是我的爱人。我跟妻子依然是情侣，一生都应该是情侣才对。”结婚 20 多年，他从不让妻子下厨。夫妻两人始终把对方当成生命中最重要的人。在《爸爸去哪儿》综艺节目中，黄磊的女儿多多表现出的良好教养和性格，无不得益于父母成功的夫妻关系。

其实这样的明星家庭不在少数。随着更多综艺节目的播出，我们还看到陈小春和应采儿、杜江和霍思燕等夫妻的日常。有人说明星性格更 open，比普通大众更善于表达感情，也有人说他们录制节目，为了节目效果在作秀。但是夫妻关系好不好，看看孩子就知道了。Jasper 呆萌可爱，温暖十足；嗯哼情商超高，金句不断，这些孩子的优点都离不开父母创造的幸福的家庭环境。

恩爱的父母用恰当的方式表达爱意，也会对孩子产生潜移默化的影响。嘴甜又暖心的孩子特别招人喜欢，孩子年纪小，不会撒谎，喜欢就会说出来，所以善于表达的孩子能收获更多小伙伴的友情，这样的孩子长大后更合群，人际关系更和谐融洽。

恩爱的父母互相包容，遇到问题会换位思考，从对方的角度出发考虑，这样的家庭中成长起来的孩子更加具有同理心，不论说话做事都考虑他人的感受，也会让自己更受欢迎。

爸爸对孩子最好的爱，就是疼爱孩子的妈妈；妈妈对孩子最好的爱，就是欣赏孩子的爸爸。父母相爱的家庭，生活中总是充满了爱的行为和言语，滋养着孩子的内心，浸润着孩子的性格，雕琢着孩子的风度和气质，让一切美好的特质：自信、善良、大方、真诚、宽容、乐观……融入到孩子的骨子里，像涓涓流水般由内而外流淌出来。

※ 父母相爱，让孩子学会爱与被爱

婚姻是什么模样?

就是自己父母的模样。

父母的关系，是孩子对感情和婚姻的最初印象。父母相爱，让孩子对婚姻和爱情形成积极的态度和认知，期待自己未来的家庭也是幸福、和谐的；父母相爱，让孩子觉得拥有一个幸福的婚姻，是一件值得努力的事情；父母相爱，让孩子看到真正的爱是什么模样，他们的内心也会充满爱，乐于接受爱，并懂得如何去爱。

我曾经参加过一个家长茶会，在谈及父母对自己的影响时，一个身高一米八、脸上带着温暖笑容的大男孩分享了父母的相处模式。他谈到了几个细节：

父亲经常为母子两人剥虾，但是每次他给母亲的虾都比给自己的多，男孩觉得委屈，就问父亲："为什么我的虾总比妈妈的少？"爸爸笑着说："因为我娶了你妈妈！"

一次妈妈过生日，父亲甩给儿子一沓钱，让他出门去买了玫瑰花和蛋糕回来，然后把男孩赶了出来，两人过二人世界。

一天晚饭后出门遛弯，赶上下起了毛毛细雨，可是一家人只带了一把伞。于是爸爸撑起伞，妈妈挽着爸爸的手，俩人并排在前面走着，而男孩默默跟在后面……

第一次拿到工资，男孩买了心仪已久的阿玛尼套装，试穿了以后自我感觉特别好，问旁边的母亲："妈，怎么样，帅不？"母亲看了看："嗯，不错……就是比你爸年轻时还差点儿。"

他说这样的例子太多了。

分享的过程中，男孩一边开玩笑吐槽自己不是亲生的，一边感恩父母给了自己最好的爱，让自己幸福快乐地长大。

最后他微笑着憧憬未来婚姻的样子："我以后和爱人结了婚，也会把她宠上天。"

父母的爱情，就是孩子婚姻的模板，影响甚至决定着孩子未来的两性关系。

在《圣经》里关于婚姻是这样讲的："人要离开父母，与妻子连合，二人成为一体。"夫妻是主角，共同经营家庭生活，子女是配角，长成后会离开原生家庭，组建新的家庭。在一个夫妻关系大于亲子关系的家庭中，妈妈的最爱是爸爸，儿子是第二位的；有一天儿子找到伴侣要离开时，妈妈虽有不舍和感伤，但更多的是喜悦和祝福，因为儿子找到了自己的真爱，同时获得了真爱。

对儿子来说，父母是彼此的最爱，这让他安心，因为他乐于看到父母幸福；同时他和妻子是彼此的最爱，他愿意且有能力经营幸福的家庭，并将这样的家庭关系和亲子关系传承下去，父母和孩子都能得到美满和幸福。

自信的孩子会发光

社交场上的信心比机智更加重要。

——拉罗什富科

※ 自信的培养，从低声教育开始

有一类家长批评孩子时，永远是大喊大叫，孩子辩解一下，家长的音量更高了，带着焦躁的情绪。通常这种情况下，孩子很快认“怂”，敢怒不敢言了。

经常被大声斥责，甚至挨打的孩子，对父母有畏惧心理，不敢发表自己的看法，更不敢表现自己的个性！因为在他们的个人经历中，只要做错事或者说错话，就会遭到父母的大声斥责，时间长了孩子会越来越没有安全感，说话做事畏首畏尾，最后变成一个自卑懦弱、毫无自信的人。

低声教育，指的是与大喊大叫相反的一种教育方式。在跟孩子沟通问题时，父母要表现出足够的耐心，情绪平和，低声慢说。

心理学家通过研究发现，说话者不同的声调会对接收者产生不同的影响，由此产生不同的沟通效果。大人使用低声调，孩子更容易接受。

低声调可以赶走孩子的恐惧。没有人喜欢强悍，孩子也一样。每个孩子都希望被父母温柔以待，孩子都喜欢温柔的妈妈。他们年纪小，不会表达，父母用“暴力”的方式沟通，无异于以大欺小，以强欺弱。父母的厉声呵斥会让他们恐惧、无助、不知所措。被家长吼大的孩子，会走两个极端：一个是极度自卑，这种自卑会持续到成年，甚至伴随一生。为了让别人满意或者迫于压力，他们会选择委曲求全，压抑过活。另一个是极度暴躁，这种暴躁是对父母言行的复制和模仿，这样的孩子不仅会对父母有言语的顶撞，长大后甚至会对父母动手。而轻柔的声调和温和的语气让孩子更有安全感、情绪更稳定、性格更自信，父母处理问题的方式为他们做出榜样，那就是克制、理性的沟通才是解决问题的正确方式。

低声调让孩子的抵触、逆反心理有所松弛，有利于取得良好的沟通效果。有研究表明，沟通的效果，7% 取决于沟通内容本身，而语音语调的贡献率占到 38%，身体语言的影响占比高达 55%。相比大喊大叫，父母轻柔温和的语调更容易让孩子接受；和大喊大叫同步的往往是愤怒的表情和凌厉的眼神，很明显孩子会排斥这些，他们希望沟通问题时，自己面对的是父母温和的语调、克制的情绪、平和的面孔，甚至微笑的脸庞。如果父母高声喊叫，胆小的孩子因为恐惧害怕，很少注意父母的说话内容；有叛逆性格的孩子甚至会反抗，导致双方情绪都很激动，最后大人很生气，孩子还不服气，问题也没有解决。

低声教育还体现在，父母在表达上斟酌恰当的词汇。就事论事，运用适当的措辞，不要使用伤害孩子自尊心的语言。比如当孩子做错事的时候，父母不对孩子进行斥责，而是说“我爱你，但是你的行为我不能接受”，这样的措辞既让孩子感受到父母的爱，又表达了父母的立场，孩子反而更易于接受父母的意见。

每个孩子都希望得到尊重，尤其是爸爸妈妈的尊重，这种尊重会对孩子的性格产生积极、深远的影响，成为他们前进的动力。对孩子的尊重，先从平等沟通开始，从低声教育出发。从今天开始，放弃打骂，放弃吼叫。

※ 愤怒的合理表达，让孩子远离卑微

传统认识中，好孩子都是听话懂事的，从来不顶撞父母。父母说话，孩子照做，不能违抗，甚至一个不满的眼神都不能有。因为大家普遍认为：孩子顶嘴是变坏的表现，以后会越来越难管教。

不能哭，有什么好哭的，爱哭的孩子不是好孩子，爱打架的孩子都是捣蛋鬼……这些话听起来是不是非常熟悉？多少现在的年轻父母就是这样被自己的父母教育长大的？而现在又在用这样的话教育自己的孩子！

乍一听没问题，但是正是这些话忽略了孩子的情感需求，种下了情绪宣泄的不良种子。很多父母不允许孩子表达自己的情绪，包括愤怒。

我的一个同事，儿子脾气温和，很少顶撞父母，在外也很少与人争执。当邻居跟她抱怨自己的孩子在学校打架了，被老师叫家长时，她总是庆幸：自己养了一个听话乖巧的儿子。直到有一件事让她彻底改变了这种想法。

那天晚上她发现儿子鼻青脸肿，问他怎么回事，孩子只说自己不小心磕的。

她将信将疑。

直到两天后碰到儿子同学的家长，才知道儿子脸上的伤是被人打的。那天下午几个孩子一起坐公交车回家，一个男人非要这个同事的儿子给自己让座。因为孩子站起来慢了，男人扬起拳头朝着孩子的胸口捶了下去。

孩子一下子没站住，脸朝下摔倒在地上。

车上的人们看不过去了，纷纷指责那个男人，几个同学也拦着，对方才罢手。

同学家长无意间说了一句："好在你家孩子脾气好，自始至终没还口、也没还手，要是换作我儿子，那天不定被揍成什么惨样。"

说者无心，听者有意。作为妈妈，想到儿子被人打了，她当时都快要心疼死了。再想到孩子骂不还口、打不还手的样子，真是又难过，又生气。

乖巧懂事的儿子一直让自己引以为豪，却没想到面对别人的侵犯，竟然如此忍辱负重、无动于衷，甚至连愤怒的勇气都没有，这不再是忍让宽容的美德，而是一种懦弱。她突然意识到，儿子面对侵犯时的顺从和卑微，不正是孩子平时面对自己训斥时的可怜模样吗？

孩子也有情绪，尤其是当需求没有被满足，或边界被侵犯时。愤怒是一种正常的情绪，就像哭泣也是一种减压的方式，都是在表达自己的需要。法国心理学家费利奥沙认为："当一个孩子因为不能拥有某样东西而生气时，愤怒的情绪能让他重新建构自我，并且让他接受这种失落。"所以愤怒有助于孩子建立自我认同，帮助孩子坚持自己的想法，捍卫自己的利益。

可悲的是，很多父母早早就把孩子愤怒的能力扼杀了。他们压抑孩子的情绪，认为愤怒是错误的，却从来不思考："孩子为什么愤怒？他们有什么需要？又想维护什么？"如果单纯靠父母的权威把孩子的愤怒压制下去，孩子只会得到这样的信息：我的要求是不合理的，我的利益是不受重视的，我的愤怒是不应该的。长此以往，他们便会淡化自己的情绪，忽视自己的需要，不敢捍卫自己的权利，不敢修复被人践踏的人际边界，更不敢反抗别人的无理侵犯。

一个不敢愤怒的孩子，是礼貌的，却也是卑微的、压抑的。相比那些勇敢表达情绪甚至愤怒的孩子，那些压抑自己、不敢表达内心感受的孩子，才是最应该让父母担忧的。

德国有位心理学家做过一个实验：将 2 ～ 5 岁的孩子按照“反抗性的强弱”分成两组，并对两组孩子进行持续跟踪，直到他们成年。结果发现，反抗性较强的儿童中，84% 的人长大后意志坚强、做事有主见、有独立的思考能力、判断力和决断力；而反抗性较差的儿童中，仅有 26% 的人成年后意志坚强，其余的人均表现为各种各样的性格缺陷，比如依赖性强、不能坚持原则、胆怯懦弱等。

当然，允许孩子顶嘴，并不是说允许他无礼、放肆，甚至态度恶劣，而是允许孩子表达自己的需求和意见。我们不支持孩子打架，但要允许孩子合理地宣泄情绪，尊重孩子表达愤怒的权利。当人格被侵犯，底线被践踏，当别人的言行不礼貌甚至带有挑衅时，孩子有权利生气，有资格愤怒。家长要告诉孩子：忍让不是任人宰割，宽容不是懦弱。合理的愤怒可以存在，且理所应当。在不伤害别人，不伤害自己的情况下，要勇敢表达愤怒。

不要让孩子连“怒”的勇气都丧失了，那会让他们压抑、卑微、任人宰割。

※ 有一种欺骗让孩子更自信

曾经看过一个泰国公益广告，名字叫《努力一点点》。

一次训练之后，教练告诉妈妈：“孩子虽然看起来很有决心，但是头球技术几乎为零，需要再观察一段时间看看。”

回家后，儿子情绪低落。妈妈没有批评他表现太差或逼迫孩子努力，而是撒了一个小小的“谎”。

当时儿子在喝牛奶，妈妈一边洗碗一边说：“教练说你很努力，之前你完全不会用头顶球，现在时不时地能做到了。再努力一点点。”

等妈妈回头看时，桌上放着一个空杯子，儿子喝完牛奶已经去练球了。

正是在妈妈一个个的“谎言”中，儿子变得更加自信，也通过不断的努力一点点提高着自己，最终在比赛中，为自己的团队成功争得了关键的一分。

全场为之沸腾了。

广告中这个妈妈的做法，正是著名的“罗森塔尔效应”的成功示范。

罗森塔尔效应，也叫作“皮格马利翁效应”，是 20 世纪美国著名心理学家罗森塔尔做的一个实验。实验证明：对孩子的殷切希望能戏剧化地收到预期的效果，也就是说，积极的期望可以带来孩子的优秀表现。

1968 年，罗森塔尔来到一所小学，从一至六年级各选了 3 个班，他对 18 个班的学生进行了一项“未来发展趋势测验”，随后将一份“最有发展前途者”的名单交给老师。8 个月后，罗森塔尔对 18 个班级的学生进行复试时惊奇地发现，凡是上了名单的学生较之前有了很大的进步。他们成绩更好，性格更开朗，自信心更强，求知欲更旺盛，与老师和同学的关系更融洽。

而实际上，这份名单上的学生并不是经过测试发现的所谓最有潜质的学生，而是罗森塔尔随便挑选出来的。

这就是积极的期望带来的积极的效应。无论是成人还是孩子，积极的期望总能给人一种特别的力量，鼓励他们不断挑战自己，提升自己。与此同时，通过不断的努力取得的每一次小进步和小成功，都能给人带来喜悦和支撑，自信心也慢慢地被建立。

一个孩子语文考试只得了40分，妈妈没有训斥他，更没有打击他，而是问他："我听说你语文考试只得了40分。跟妈妈说说这是怎么回事呀？"

儿子小声说："我不喜欢语文，所以不喜欢听课。"

妈妈顺着儿子的话说："哦，你没有认真听课都能考40分，说明你很厉害噢。妈妈相信，如果你在语文上多花一点儿时间，一定会考得更好的。"

儿子不好意思了，挠着头问："真的吗？"

妈妈很肯定地说道："当然啊。你可以的。只要每天努力一点点，一定会有进步的。"从那以后，孩子再也不说讨厌语文课了。考试成绩也从40分，到60分，再到80分，一步步在提高。

每一次妈妈都愿意给儿子最大的鼓励，孩子不仅成绩提高了，也变得越来越自信。这种善意的欺骗，就是教育的智慧。

鼓励和期待，会让孩子建立一个较高的自我期待和评价，再通过努力取得好成绩，给孩子一种可以自己掌控的感觉，从而慢慢建立起自信。对孩子多一些积极的期望，不要用负面的语言打击他们。因为父母相信，所以孩子优秀。

同时，心理学家也告诫我们，鼓励和表扬是有区别的。鼓励是指对孩子行为和态度的描述，表扬侧重对孩子品行和结果的赞扬。著名发展心理学家卡罗尔·德韦克及其团队曾对“表扬对孩子的影响”进行了多年的调查研究，结果发现：过度被赞扬的孩子，会慢慢形成一种思维定向——我很聪明，不用那么努力。甚至，他们会认为努力很愚蠢。一旦遇到失败，他们会惊慌失措，因为成功不在自己的掌握之中，从而感受到强烈的挫败感。过多的表扬，会让孩子被表扬绑架，看低努力，或者输不起。

父母教育孩子，要多鼓励，少表扬，多描述，少评价。鼓励孩子“妈妈看到了你这个学期的努力，为你骄傲”比赞扬孩子“你这次成绩真棒，妈妈真高兴”，更能对孩子产生积极的影响。

你期望孩子成为什么样的人，他就可能成为什么样的人。

父母无法护孩子一生周全，唯独教会孩子相信自己，努力奋斗，他们才能在世间顶风奔跑，冒雨前行。

会沟通的孩子，让人愉悦

> 世间有一种能力可以使人很快完成伟业，并获得世人的认识，那就是令人喜悦的讲话能力。
>
> ——苏格拉底

※ 不想说是性格，不会说是能力

2018 年，一段关于杭州 110 报警电话的录音刷爆了网络。录音中，一个 7 岁男孩用手机报警，虽然声音稚嫩，语气焦急，但是男孩的表述逻辑清楚、回答言简意赅，被网友称作“教科书式的报警”。

电话接通之后，小男孩先明确表达了自己打电话的原因：“我是个小孩子，我爸爸妈妈今天晚上不在家，我一个人特别害怕……”

民警问：“你现在在哪里？”

男孩马上说出地址——逸天广场，并补充了一个标志性的建筑：杭二中。自己的家就在杭二中对面，然后主动说出具体单元门牌号几幢几单元几楼。

民警询问男孩父母的电话，男孩说："我就是用妈妈的手机报的警，爸爸的手机在家里，但我爸爸妈妈都不在家，而且鞋子也都没有穿走，我本来在看我的游戏视频，但爸爸妈妈莫名其妙地就走了。"

让我印象很深刻的是，民警询问男孩以及男孩爸爸的姓名时，男孩居然能非常熟练地回答，自己名字的"chen"（忱）是"竖心旁，沈阳的沈去掉三点水"，爸爸的名字中的"gui"，不是归来的"归"，而是桂圆的"桂"。

民警再问爷爷奶奶的电话，男孩回答："我不知道奶奶的电话，但是我知道奶奶住在哪儿。"

民警告诉他会有警察叔叔马上赶过去看他，男孩还不忘问一句："什么时候才能到？几分钟？"最后非常有礼貌地说："谢谢。"

后来接电话的民警表示："这个小朋友非常棒。遇到危险知道拨打 110，能准确说出自己及家人的姓名、家庭住址、电话号码。整个沟通非常顺畅，孩子逻辑清晰，诉求明确，没有一句废话，父母或者老师应该平时很注重这方面的教育，重要的是孩子也学进去了。"

虽然最后有惊无险，孩子的父母只是暂时外出，很快就回家了，但是小家伙临危不乱、极强的表达能力得到了广大网友的称赞，尤其是家里有孩子的父母纷纷感叹："换作是自己的孩子，如果发现父母突然不见了，除了惊慌失措，恐怕只剩号啕大哭的份儿了！"

一次安全教育培训会上，一位辖区派出所的民警作为嘉宾分享了他在工作中碰到的情况：派出所经常会接收走失的孩子，让大家非常头痛的是，很多孩子只会哭，既不能准确说出自己和父母的姓名，也不知道家里人的电话，家庭住址、学校信息更是一问三不知，这无疑加大了工作难度……

生活中，很多孩子的表达能力都有问题。喜欢了也不知道怎么说，生气了更说不明白；还没说话，就紧张得不行，头不敢抬，脸涨得像个大红苹果；好不容易鼓起勇气，一开口就结巴了，逻辑混乱，词不达意，让人听了不知所云；说话直接，不经过大脑，一句话说出去顿时冷场，得罪了人还不自知……

家长要明白：孩子心里有很多想法，不愿意说出来，这是性格问题；但是想说却表达不清楚，或者说出来让人很难受，“不会说话”可就是能力问题了。

※ 嘴甜的孩子有糖吃

李开复曾说，“在任何领域，情商的重要性都是智商的两倍”。一个人将来能否取得成功，情商的重要性毋庸置疑。而情商高最重要的特征，就是会说话。人际社会，沟通变得极其重要。孩子会说话是一种能力，关键时刻能够帮助自己克服困难、解决问题。会说话的孩子更自信，更受欢迎，也更容易在同龄人中成为佼佼者。

2018 年 9 月，广东珠海一名 6 岁的小学生面对台下 400 多名学生、家长和老师，进行了新生代表的现场演讲。这个孩子全程脱稿，整个过程表现得从容镇定，台风大气稳健，语调抑扬顿挫，语气铿锵有力，出色的表现获得了网友的疯狂点赞。现在，男孩已经成为学校里的小明星，老师喜欢、同学羡慕，还有很多机会参加班级和学校里的活动，学习成绩越来越好，人也越来越开朗大方。

会说话的孩子不仅能把话说清楚，更能把话说得暖心，让人听着舒服，这样的孩子更招人喜欢，也能收获更多的善意。

记得有一次在小区坐电梯，到8层的时候电梯门开了，一个五六岁样子的小女孩站在门口，她看到我甜甜地叫了一声“叔叔好”。

我微笑着回她：“你好啊！”

女孩走了进来，在一个角落站定，对我说：“叔叔，你能帮我按一下30楼吗？我个子比较矮，够不到。”

我说：“当然可以啊！”

这个孩子我有印象，她家在这个单元有两个房子，一个是爷爷奶奶住，另一个是她和父母住。当我走出电梯的时候，小女孩礼貌地说：“谢谢叔叔，叔叔再见。”

我也高兴地跟她道别。

说到嘴甜，演员霍思燕和杜江的儿子嗯哼绝对当之无愧。在《爸爸去哪儿》综艺节目中，播放了一段霍思燕十几岁的时候拍的广告片，嗯哼一眼认出了妈妈，于是开始自言自语了：“妈妈好看，全身哪儿都好看，化妆好看，不化妆也好看……”后来霍思燕看到视频后直接暖哭了。

还有一个细节特别有意思。

嗯哼问爸爸："你可以在水里捕一个小鱼上来吗？"

爸爸说："不可以，因为小鱼离开爸爸妈妈会很难过的，对不对？"

嗯哼秒答："那就把爸爸妈妈也抓走……姥爷也抓走。"

屏幕上马上出现了后期剪辑配上的字幕：一家人整整齐齐的。爸爸也被弄得哈哈大笑。

小小年纪，强大的"逻辑推理能力"，简直让人怀疑他的年龄。一期节目下来，小嗯哼圈粉无数，这样的孩子谁不爱。

德国心理学家阿尔弗雷德·阿德勒说："嘴甜的人，总是用自己满满的爱，给身边的人幸福感，从而更加被爱。"嘴甜的孩子让人觉得有礼貌，让人愿意与之亲近，因此更容易获得别人的帮助和关爱，长大后也更容易获得成功。

相比之下，有的孩子虽然也有一颗善良的心，但是因为不善表达常常被误解为孤僻、没礼貌，他们的优点容易被忽视，得到的关注较少，不容易交到朋友，获得友情，这样的孩子就比较吃亏。

※ 会说话不是天生的

为什么有的孩子嘴甜、会说话，有的孩子不会表达呢？这里面固然有遗传的原因，更多是后天家庭教育的问题。很多父母觉得，会说话是长大后自然就会了的东西。

其实不然。

在说话方面，放养的孩子和用心养育的孩子，差距太大了。

同样是《爸爸去哪儿》节目中的小嘉宾，主持人李湘的女儿王诗龄给观众留下了非常深刻的印象。她不小心摔倒在沙漠中，有小朋友过来拉起她，她连声道谢："谢谢你们了，真谢谢了！"帮老人分虾时，她对爷爷奶奶说："你们吃了就不老了。"老人们听了都笑得合不拢嘴。

一次完成任务，王诗龄离开时拉着爷爷的手，奶声奶气地说："爷爷，你在家里好好啊！"不仅暖到了爷爷的心，也暖到了很多网友的心。

一个不到四岁的孩子能说出这么暖心的话，和父母的言传身教是分不开的。一次采访中有人问李湘："王诗龄这么小就嘴甜，你们平时是怎么教育孩子的呢？"李湘坦言："孩子小，嘴甜是教不出来的。其实也不用刻意去教，平时父母怎么做，孩子就会模仿。"

她还提到了一个细节：一次去看望孩子奶奶，临走时李湘对奶奶说："奶奶你要好好的。"没想到，就这么一句话，就被孩子记住了。听到女儿在节目里也这样说的时候，李湘非常惊讶，感叹孩子的模仿能力居然这么强。

所以，父母要从自己做起，父母是孩子最好的老师，父母的一言一行都是对孩子的无声教育。

在家里，不要吝啬对孩子的赞美和关爱，感谢孩子每一个微小的付出，比如"妈妈爱你""谢谢宝贝帮我倒水""谢谢你陪爸爸散步"……

在餐厅吃饭，对服务员的每一次服务都不要忘记真诚地道一声“谢谢”。

在小区里，对于保安的帮助，也要发自内心地感谢：“你辛苦了。”

培养孩子表达能力的另一个很重要的方法是，让孩子多读书。父母可以先把故事讲一遍，再让孩子复述，培养孩子口语表达的逻辑性和条理性；另外，孩子对故事情节、语言文字的觉察力、敏感度要远超成年人，阅读不仅可以增加孩子的词汇量，还可以给孩子树立正确的人生观。尤其是一些绘本，是培养孩子表达爱的最好教材。让爱充盈孩子的情感，让美好的语言丰富孩子的内心，让他们懂得爱，更懂得如何表达爱。

有的孩子性格内向、自卑胆怯，父母更要有耐心，多倾听，多鼓励，引导他们说出自己的感受。多问孩子“能告诉妈妈你的想法吗”？“你是不是这么想的”，引导孩子多表达自己的想法。比如在决定出游地点时，让孩子自己选择想旅游的地方，并说出原因，这样既可以锻炼孩子的表达能力，又增强了其大胆表达的勇气。

世界上哪有什么孩子天生自带糖。会说话的孩子，都是因为被父母的爱滋养过，被用心的教育浇灌过，被美好的语言温暖过。养育一个会说话的孩子，在给别人幸福的同时，也能得到更多幸福。

越自制，越自由

> 能约束自己的人，最有威信。
>
> ——塞涅卡

※ 棉花糖实验

明明一大堆作业没做完，就是放不下手里的游戏机；

妈妈警告了吃太多奶油蛋糕不好，还是管不住自己的嘴；

上次在公共场合哭闹被揍了，下次还不长记性。

…………

生活中很多孩子自律性太差，让父母头痛不已。

自制力是非常重要的情商之一，是一个人控制自我行为和情绪的能力，它以一种无声而强大的形式时刻影响着人们的行为。19世纪英国著名作家、成功学之父塞缪尔·斯迈尔斯在他的《自助》一书中写道："每个人的成功都是'自我克制'和'坚持不懈'的结果。"因此不要小看它。自制力不只是让一个孩子主动学习、少玩游戏、不任性，还是决定一个人工作、婚姻和人际交往成功的重要因素。

美国心理学家沃尔特·米歇尔被誉为“自控力之父”，他生前曾经做过一项有名的“棉花糖实验”。实验非常简单，一群四岁的孩子分别进入一个小房间，研究人员发给每人一颗糖果，并告诉孩子们：你可以现在吃掉糖果离开房间；或者坚持20分钟不吃，然后就可以得到两颗糖果。

孩子们在实验中的表现非常有趣，有些孩子没忍住马上吃掉了棉花糖，有些孩子则忍住了冲动，为了让自己坚持下来，想方设法转移注意力，比如把棉花糖当成玩具玩起来，或者干脆把棉花糖放到角落，不让自己看到。

这个实验进行了长达半个世纪，对这些孩子多年的跟踪调查结果显示：能为奖励坚持忍耐更长时间的孩子长大后通常具有更好的人生表现，通过自我控制延迟满足，为了追求更大的目标，他们经得住诱惑，耐得住寂寞，更容易获得成功。同样地，自控力强的人拥有更和谐的人际关系、更持久的恋情、更幸福的婚姻；相反，那些马上吃掉棉花糖的孩子缺乏自制力，长大后更容易出现行为偏差问题，比如吸毒成瘾、中途辍学、未成年怀孕等。

虽然米歇尔也承认这个实验具有一定局限性，也提示人们不要绝对化，自控力强的孩子更容易成功，并不意味着小时候自制力差的孩子就没有未来。但是不可否认的是，即便是小朋友也可以通过各种方法延迟自我满足，而其行为结果通常是积极的：孩子得到了自己想要的东西。米歇尔还强调，自控力是一种可以后天习得的技能，任何人都可以主动训练自己的意志力，提高自制力。

※ 约束得了行为受人敬重，管控得了情绪人缘不会差

自制力，就是自我约束的能力，是指一个人自觉地控制自己的情绪和行为的能力。自制力强的人，既善于激励自己执行符合既定目标的决定，又善于抑制自己不合理的愿望、行为和情绪。和自制力与之相反的是任性，对自己的言行持放纵态度。自制力弱的人说话做事随心所欲，不考虑后果及影响。

首先，自制力体现在对行为的自我控制，即：不该做的事不做，该做的事主动去做。在这方面，有一个关于领袖毛主席的小典故。井冈山时期，毛主席常常白天休息，晚上工作。为了提神，主席慢慢有了吸烟的习惯。为了和群众打成一片，他常常一边吸烟一边和群众聊天，让人觉得格外亲切，也让他的烟瘾越来越大。

1945 年毛主席与蒋介石在重庆谈判，谈判期间主席始终未抽一支烟。蒋介石注意到这个细节，后来他对部下说："毛泽东嗜烟如命，但他知道我不吸烟，在同我谈话期间不抽一支烟，这个人的决心和精神不可小视啊！"

自制力强的人，不会因为对自我行为的放任自流影响自己，更不

会影响别人，继而招致对方的不满，影响人际关系或者事态发展；相反，他们的自我克制和耐力会赢得对方的尊重和敬佩，对培养良好的人际关系有积极的促进作用。

其次，自制力体现在对自身情绪的控制。自制力强的人，能够理性地克制情绪、冷静地处理问题。所有情绪都写在脸上，过于情绪化，一言不合就暴跳如雷，稍不满意就怒发冲冠，是自制力差的明显表现。

曾经在网上看到过一个报道：一对中国夫妻带着6岁的儿子去美国度假，父母坐在一侧，孩子紧挨着另一位乘客。起飞后，孩子很不安分，吵吵闹闹，上蹿下跳，严重干扰了旁边乘客的休息。乘客礼貌地向孩子父母提醒，希望他们约束一下自己的孩子，谁知孩子父亲认为乘客多管闲事，还对乘客破口大骂。后来，他竟然隔着儿子，揪住乘客的衣领，最后双方扭打起来。机舱里顿时乱作一团，乘务人员费了很大力气才将两人分开，并把一家人的座位换到了别处。

飞机落地后，美国FBI、机场安保等执法人员带走了一家人和那位乘客，调查得知，孩子父亲先动手打人，美国海关以故意伤害罪拒绝一家人入境，并遣返他们回国。好好的度假就这样泡汤了。

控制情绪，是一个人最高的素养。拿破仑曾说："能控制好自己情绪的人，比能拿下一座城池的将军更伟大。"人不可能永远处在好的情绪之中，有消极的情绪很正常。自制力强的人，不是没有消极情绪，而是善于调节和控制自己的情绪。该愤怒的时候，用一句漂亮的话进行有力回击；该理智的时候，在一句不该说的话出口之前及时闭嘴。

看过一个故事：男孩脾气很差，为了帮助儿子克制情绪，爸爸给了他一袋钉子，并告诉他："每次你发脾气的时候，就在卧室墙上钉一颗钉子。"

第一天，男孩钉了 25 颗钉子；第二天，钉了 20 颗；第三天，钉了 16 颗……

慢慢地，男孩钉的钉子越来越少。

有一天，他跑去告诉爸爸："我不再乱发脾气了。"

爸爸又说："从现在开始，每次你能控制自己脾气的时候，就拔出一颗钉子。"

又有一天，男孩高兴地跑来告诉父亲："我把所有钉子都拔出来了。"

父亲带着男孩来到卧室，指着墙面说："你做得很好。但是看看墙上那些洞。它们永远不会恢复到从前的样子。就像你生气时说过的话，会在别人心里留下伤疤。不管你说多少次对不起，都无法抚平这些伤疤。"

自制力强的人不被情绪左右。在该隐忍的时候隐忍，在该爆发的时候爆发。他们很清楚：愤怒是破坏性最强的情绪，会冲昏头脑，让人口无遮拦，得罪了人，却无助于问题的解决。不能控制自己的情绪，是最愚蠢的行为。

父母要从小培养孩子的自制力，包括对行为和情绪的控制。遇事先冷静下来，切忌冲动急躁，不要逞口舌之快或一时之勇，说话伤人做出蠢事。尤其是情绪的控制非常重要，不然，会严重影响人际关系。脾气来了，人气没了，人气没了，福气没了。说出去的话就像泼出去的水，冷了别人的心，再想暖回来很难。

※ 让孩子为过错买单，培养自制力

作为家长，在孩子小时候该如何训练培养他们的自制力呢？

讲道理、训斥、威胁好像都不管用。迫于家长压力，孩子暂时不做某件事了，但家长不在时，他们依然故我。或者为了逃避惩罚，孩子学会了撒谎。而过分严厉的批评和惩罚，还容易引起孩子的逆反心理。

哥伦比亚大学心理学博士、家庭教育畅销书作者沙法丽·萨巴瑞提出过一个概念——“囚徒—监狱长”模式。在这个养育模式中，孩子扮演囚徒，父母扮演监狱长，对孩子发号施令，进行奖惩。孩子完全在父母的驱使和压力下行事，而不是遵照内心的指引，这严重削弱了他们自我约束的能力，破坏了自我调节的内在潜力。

美国教育家简·尼尔森在其著作《正面管教》中也说：“孩子感到威胁时，是不会去判断自己行为的对与错的。”面对父母的责骂，孩子不会真的认为自己错了，认识不到错误，又怎么会彻底改掉呢？通过“惩罚”来培养的自律性，不是发自内心的认同，是很难持久的。

那怎样做才能让孩子“乖乖听话”？

法国教育家卢梭提出了“自然后果法”——通过让孩子自我承担后果，达到认知错误、吸取教训的“因果体验式”规则认同的教育方式。孩子年纪还小，言语说教所起到的作用微乎及微，讲大道理不如亲身体验来得深刻。如果孩子犯了错，造成了不良的后果，让他们自己承担结果，并从中得到教训。

一位旅居德国的妈妈曾经跟我说过这样一件事。有一次，她母亲去幼儿园接孩子，看到外孙没戴帽子、手套就在外面玩耍。老人觉得幼儿园老师不负责，还要女儿跟幼儿园负责人理论。孩子妈妈告诉自己的母亲，德国老师不会命令孩子，也不会央求孩子，如果孩子坚决拒绝穿衣服，老师会选择“听之任之”。虽然看上去很不负责，但是实际上是给孩子自己体验的机会。感觉冷了，他们自然会回来自己穿衣服；如果真的冻感冒了，那也是孩子自己选择的结果，需要承担感冒的病痛，自然也就知道下次出去玩要穿暖和了。

自然后果法的意义在于，孩子自主选择的行为产生了不愉快的体验，激发他们自发修正不恰当的行为。缺少了自然后果的体验，孩子的感受是肤浅的，认识是苍白的，对他们的说教是空洞的。孩子可能因为害怕、担心受到惩罚而服从父母的命令，内心却没有理解“命令”的真正意义。比如我们不希望孩子的头磕到桌子上，但是孩子只有被桌子磕一下，才会认识到下次抬头的时候要小心。因为他们有过被磕的体验。

在自然后果法使用的过程中，家长不要用结果“吓唬”孩子，以阻止他们做某些事情。而是告知可能有哪些后果，让他们自己做出选择。明确告知每种选择的相应后果：不吃饭，就会挨饿；衣服穿得少了，就可能感冒；走路玩手机，就容易摔倒；欺骗朋友，朋友会远离自己……通过结果带给孩子更大的体验和感受，从而引导他们自然朝正向发展。实质上，这是在成长中自然收获经验的“体验式成长”。如果不让后果发生，就失去了自然后果法最核心的体验式教育意义。

比如孩子吃饭不规律，到了饭点不肯吃饭。父母不用训斥孩子，更不要追着孩子喂饭，可以用平和的语气告诉孩子：“现在你不吃饭，待会儿饿了就没有饭吃了。”如果孩子还是坚持不吃，也不用强求。等孩子饿了想吃饭时，父母可以告诉孩子：“刚才已经跟你说过了，是你自己不吃饭的，所以你现在饿了也没办法，只能等晚上和大家一起吃。”有一点很重要，就是父母不能妥协，要让孩子明白：自己不吃饭的行为导致的结果就是饿肚子，而且没人帮我承担。以后孩子自然就会好好吃饭了。

可以说，孩子没有学会自律的最大原因就是父母长辈的干扰。孩子做错了事情，父母不教会孩子承担后果，进入社会又会有谁帮他承担？小时候不舍得让孩子接受教训，进入社会自然会有别人给他教训。所以，现在饿一顿、摔一跤、碰一下，没什么大不了的。小时候接受的是小教训，学会对自己的不当行为承担后果，才能避免长大后的大教训。

父母不用怕孩子犯错，因为犯错—承担后果—总结经验—改善行为，是孩子探索、学习和不断完善自我的必经之路。成长是孩子自己的事情，父母不能代劳。自然后果法强调“自然”，选择正确，就有好结果；选择错了，就要承担后果。这就是成长。自然后果法，让孩子从自己的错误行为中体验不愉快甚至痛苦，从而主动调整行为，而不是基于“父母不让我做”，这样才能建立自发而持久的自制力。

用“代价”去为自己的过错“买单”，懂得珍惜，学会承担，不再任性。缺少了这个过程，孩子就学不会为自己的行为负责，成为不了独立的自己；缺少了自制力，孩子就约束不了自己，更管控不了人生。

高共情能力，好温暖

> 共情是那种能看透别人的内心和灵魂、知道他们的想法、感受他们的情绪的能力。
>
> ——亚瑟·乔拉米卡利《共情的力量》

※ 培养孩子同情心，拒绝冷漠

2018 年 6 月，甘肃省庆阳市西峰区，历经四个小时的挣扎，一个 19 岁的女孩最终挣脱了消防员紧紧拉住她的手，毫不犹豫地从高楼上跳了下去。让她觉得生无可恋的，除了班主任的猥亵撕碎了她对未来一切的美好向往，还有跳楼前感受到的丑恶人性。

据媒体报道，在消防人员苦劝和营救的过程中，围观人群中不断有人欢呼和呐喊“要跳就跳，果断一些”“1、2、3 跳！快跳吧”“别耗着了，我还得去接孩子”“为了等你跳下来，我都晒了一个小时了”。

鲁迅先生曾说：“我向来是不惮以最坏的恶意，来推测中国人的，然而我还不料，也不信竟会凶残到这地步。”猥亵女孩的老师固然可恨，但是某些看客的冷漠，斩断了女孩的最后一丝眷恋，他们的欢呼声、咒骂声狠狠推了女孩一把，让她毅然决然地远离这个她认为冷酷的世界。猥亵的老师是始作俑者，无情的看客是助推者，他们天衣无缝的合作，把女孩推入了万丈深渊。

为什么有的人善良敦厚，对别人的痛苦遭遇心生怜悯，有的人却看热闹不嫌事大，丑态百出，真正成了鲁迅先生笔下观看枪毙时欢呼喝彩的冷酷民众。归根结底，这些人普遍缺少生而为人的最基本、也最重要的能力——共情能力。

共情能力，也叫移情能力，是指一种能设身处地体验别人当下的处境，从而感受和理解他人情感的能力。共情首先包括对他人的怜悯、同情等。同情心表现为能对他人的不幸遭遇和痛苦情绪产生共鸣，并生发出关心、支持的情感和助人为乐或伸张正义的行为。而上面案例中的个别看客明显缺乏对女孩的怜悯和同情，正是共情能力严重不足的表现。

同情心缺乏，不仅成人有，孩子也有。邻居一个妈妈跟我讲了一件事：那段时间她因为车祸骨折了，所以在家休养。一天她拄着拐杖到楼下乘凉，正好碰到一个果农在摆摊卖葡萄。他家的葡萄都是自己种的，纯自然的，特别好吃，可是当时她没带钱。于是她给 7 岁的女儿打电话，让孩子把钱送下来。

女儿很干脆地拒绝了：“你自己上来拿吧。”

妈妈说：“我走路不方便，你送下来吧！”

“你不是拄着拐杖呢吗？不说了，我得看动画片了。”然后女儿直接挂掉电话。

女儿对自己的求助无动于衷，一副事不关己、高高挂起的模样，让她特别心酸。

她向我描述的这个场景，让我想到她们母女间平时相处的模式。女孩是全家的掌上明珠，除了父母的宠溺，爷爷奶奶和姥姥姥爷对女孩也是有求必应。小小年纪，家里人都要听她的。而女孩对妈妈表现出的同情心淡漠，正是因为平时养尊处优、凡事以自我为中心，让女孩逐渐养成了自私自利、冷漠无情的性格，不懂得心疼父母，更不知道感恩父母。

当然，还有一种家庭教育也容易造成孩子的同情心匮乏，那就是狠厉教育。比如孩子被其他小朋友打了，哭着回家了。父母不关注孩子当下的感受，对孩子的遭遇没有同情心，也不会安慰孩子，而是训斥孩子：“哭什么哭，就知道哭！他打你，你不会打回去吗？你不打他，只能挨欺负，哭有什么用！”

如果父母缺乏同情心，不能对孩子遭遇到的不幸、感受到的痛苦产生情感上的共鸣，不能主动去安慰、关心和帮助孩子，就不能培养孩子的利他人格，久而久之，孩子也会对别人的遭遇表现淡漠，毫无同情心，甚至会有攻击他人的行为，比如校园暴力。

※ 认知情绪，为别人着想

有共情能力的人，能够根据对他人境遇的理解，体验到与他人相似的情感和感受，从而推测出他人内心的想法。有共情能力的人，首先能迅速捕捉到别人的情绪变化。认知情绪的能力，需要从小培养。而父母要做的，就是从认知孩子的情绪开始。及时发现孩子的情绪变化，理解、接纳孩子的情绪，并充分关注孩子的感受。

当孩子生气时，可以问他："你现在很生气吗？告诉我为什么，好吗？"

如果孩子情绪比较激动，父母可以抱一抱孩子，安抚孩子。

如果孩子比较难过，甚至大哭，父母可以先保持沉默，用一些肢体动作，比如轻抚孩子的后背和头，给孩子感情上的支撑，让他们明白你能体会他的心情。等孩子哭完了，情绪稍微平静一点儿再进行沟通。

认知孩子的情绪，既能及时发现孩子的心理变化，也可以提高孩子认知他人情绪变化的能力。用通俗的话来讲，就是孩子学会"察言观色"了。

提高共情能力，可以通过角色互换，把"我"当作"你"。通过角色扮演，降低孩子的以自我为中心的倾向，让孩子学会站在他人的角度思考问题，感受他人的喜怒哀乐。父母还要引导孩子关心身边人，遇事换一个角度，设身处地地为别人着想，是提高孩子共情能力的好方法。父母平时要以身作则，从生活中的一些小事做起。比如当小孩顽皮想要扯小动物的耳朵时，父母应该立即制止，告诉他们：小动物的耳朵扯了会很痛，就像宝宝做错事的时候被爸爸妈妈打屁股会痛是一样的；和孩子外出，看到地上有香蕉皮，父母可以捡起来扔到垃圾桶，同时告诉孩子："如果有人踩到香蕉皮会被滑倒，万一被老人踩到，那就更危险了。"

我认识一个男孩，朋友很多，人脉很广。一次聊到交友之道，他讲了一个小时候的事。

8 岁那年，隔壁搬来了新邻居，男孩很快和邻居家的小男孩浩浩成了好朋友，平时一起上学放学。浩浩的爸爸是一个警察，有一天，这位警察叔叔因公殉职了。浩浩和妈妈非常伤心。

那之后，男孩便很少在浩浩面前提到和爸爸有关的事情。

其实，这是爸爸特意嘱咐他的。

刚开始他不明白，还问为什么。

爸爸说，你跟浩浩提爸爸，他会心里不好受，因为他没有爸爸了。

从那以后，他就知道，让别人难过或者不舒服的点，都要尽量避开，如果不小心触及了，要马上道歉。其他人无意间提起了，也要尽力帮忙化解尴尬。

父亲从一个小小的细节，教会了儿子做事为别人着想，培养了他的共情能力，所以他长大后才会有这么多知心好友，因为别人在跟他相处的过程中感受到了很多善意和体贴。

从小培养孩子的共情能力，让孩子成为一个善良、正直的人，能够提升孩子的人际交往能力，有利于孩子未来建立和谐融洽的人际关系。

※ “对不起”的能量远超想象

共情能力高的人，还有一个明显的特点就是愿意主动道歉。美国心理学家罗达·邓尼说过：“父母错了，或违背自己许下的诺言时，如果能向孩子说一声对不起，可以帮助孩子建立自尊，同时能培养孩子尊重他人的习惯。”有心理学家做过研究发现：主动道歉的父母培养出来的孩子更有责任感，更有同理心。这方面演员胡可就做得非常好。

在她带着两个儿子录制的真人秀节目中，胡可因为带着小鱼儿做体检耽误了时间，没有及时赶到学校接安吉。所有的同学都被家长接走了，只剩下安吉一个人，他难过地哭起来。胡可赶到的时候，看到儿子生气了。她走过去半蹲在安吉旁边，一边给安吉擦眼泪，一边解释：“因为小鱼儿体检的项目比较多，所以来晚了。对不起啊，安吉。妈妈向你道歉，让你等了这么长时间。”安吉是个非常懂事的孩子，听到妈妈的道歉，很快就原谅了妈妈。

胡可是一个共情能力很强的妈妈，她明白因为迟到让安吉久等，孩子心里很难过，她理解儿子的感受。她的道歉是对孩子的尊重，也是对自己行为的一种担当。愿意主动给孩子道歉的父母，培养出的孩子也会善于反思，具有很强的共情能力。有一次，安吉和小鱼儿一起上山摘猕猴桃。安吉误会小鱼儿偷偷拿了自己框里的猕猴桃，差点儿打了弟弟。后来知道自己误会了小鱼儿，所以主动向弟弟道歉。

愿意道歉的父母是成熟的、智慧的，当他们认识到自己的错误时，首先会对孩子的感受进行共情，诚恳地向孩子道歉，说明原因，并采取有效的补救办法。愿意道歉的父母是成长型父母，善于自我教育和自我反思，愿意跟随孩子的脚步，共同进步。

教育家斯宾塞曾说："受委屈的孩子很少会去反省自己有什么过错，因为愤怒和不平占据了他的心灵；而被感动的孩子则常常反省，因为感动增加了他内心的勇气和智慧。"人非完人，父母也会犯错。不要怕道歉，只要父母坦承自己的错误，孩子会很快原谅你。就像海灵格说的那样："你不知道，我们的孩子是多么忠诚于自己的家庭，又是多么无条件地爱着自己的父母。"放下面子，和孩子真诚地说一声"对不起"，孩子接收到的不仅是父母的歉意，还有满满的感动，这会让孩子变得更有同理心，更有担当和责任感，这些良好的品质会让他们在未来的人际关系中受益匪浅。

有趣的人，充满惊喜

朋友有四种：高级而有趣，高级而无趣，低级而有趣，低级而无趣。

——余光中

※ 会玩很重要

在一次大数据峰会上，马云再次语出惊人："如果我们继续以前的教学方法，让孩子们只擅长记、背、算这些东西，不让孩子去体验，去玩，不让他们尝试琴棋书画。我可以保证：30 年后孩子们找不到工作。因为他们无法竞争过机器和智能。未来人类和机器的竞争关键在于智慧，在于体验。知识可以学，但智慧不能学，体验不能学。"

马云想强调，未来人才靠的不是机械的知识，而是无穷的智慧和创造力。会玩就是激发人类智慧和创造力的最佳方式。

实际上，会玩体现的不仅是一种职场硬实力，也是一种性格软魅力。

有一类孩子，成绩优秀，循规蹈矩，却被同学们起了“呆头鹅”的绰号；

有一类职场人，平时忙着上班，周末无事可做，宅在家里看电视、玩手机；

你说周末去蹦极、玩漂流，他都说不去，而且太危险；

你提议参观博物馆，他说多此一举，还吐槽上学时学了那么多历史知识，现在一样也用不上；

你要去上蛋糕培训班，他说又不开面包房，费那个劲儿干什么，买现成的面包更方便。

…………

这些人共同的特点就是不会玩。

会玩，真的很重要吗？

有心理学家曾经用猴子做过一个很有趣的实验：把智力相似的未成年猴子分成两组，一组猴子你追我逐，相互嬉戏，研究人员还为它们提供了玩具，供猴子玩耍；长大后，这组猴子活泼好动，和同类相处更友善，关系更融洽，智力水平更高。另一组猴子没有机会耍乐，整日除了吃喝拉撒，就是坐着发呆；长大后它们呆板木讷，社交能力差，甚至失去了求偶的本能。

人也是一样的。成长的轨迹要像大树的年轮，一圈一圈向外扩展。婴儿期，享受着爱和包容；童年期，是无限的幻想和无拘无束的玩耍；

青少年期，代表着好奇、探索和汲取；成年后，追求梦想和承担责任。每个人都需要经历这个过程。有一个阶段缺失了，就像大树的年轮层断了，人的性格会受伤，从而影响完整人格的建立。

而很多孩子最容易被压抑和限制的，往往是童年时期的嬉戏和玩耍。因为繁重的学业负担以及传统观念对“贪玩的孩子”有偏见，家长和学校都不鼓励孩子玩乐，导致很多孩子缺失了最快乐的童年。这些孩子长大后，往往性格沉闷，生活无趣，创造力缺乏，不善于与人交往。

反观那些会玩、能玩、爱玩的孩子，工作上创造力十足，生活丰富多彩。会玩的人，才会做事；会玩的人，才会生活。

会玩真的很重要，能玩出明媚的性格，玩出幸福的人生。

※ 有趣，是最高的评价

会玩的人，都是有趣的人。

王尔德曾说：“这个世界上好看的脸蛋太多，有趣的灵魂太少。”

与人交流好比一场探险，是两个世界的交汇。和一个无趣的人交流，平淡无奇、味同嚼蜡；而一个有趣的人，为你打开一扇窗，吸引你去参观他的世界，那个世界很大，很丰富：好玩、新鲜、愉悦，有对旧世界的突破，也有对新世界的探索。或许有些东西会让你惊讶，甚至不认同。但后来你开始懂得、欣赏并喜欢上了他的世界，而你也变得有趣起来。无趣的人，生活单调，千人一面，这样的人是安静的，也是乏味的；有趣的人则不然，他们欢快明媚，生动活泼，不仅点燃了自己，也照亮了别人。

有趣是一种神奇的特质。跟有趣的人沟通，就像开始了未知之旅，和愉快的邂逅相伴，与意外的惊喜随行。

雷子在圈子里很受欢迎，朋友形容他是个宝藏男孩。雷子上知天文，下知地理，通晓古今，每次聚会时都是焦点，话题从沙特国王的300个老婆，到英国女王的野天鹅，从印度的手抓饭到新西兰规定的法定结婚年龄16岁。

雷子有很强的好奇心。他对任何新鲜事物都感兴趣，并愿意学习和研究，也善于结识新朋友。他喜欢健身，健身于他既能保持健康和活力，也有助于培养自律性，他经常和在健身房认识的朋友相约爬山；他喜欢摄影，在爬山的时候又认识了喜欢摄影的朋友，然后一起出去拍山水田园、拍花鸟虫鱼，他会和朋友们分享镜头下生活的酸甜苦辣，启发大家从全新的角度看世界；他热衷烹饪，认为烹饪是一件关乎爱与分享、充满着治愈和幸福的欢喜之事，没想到一不小心成了烹饪达人，收获了更多的爱和友情。灵感袭来，他的诗作能出版，自学的中医能开方治小病，偶尔还能在马拉松比赛中拿到个不差的名次……

王小波曾说：“一辈子很长，要和有趣的人在一起。”人们希望爱人是有趣的，也希望朋友是有趣的。有趣的人到哪儿都受欢迎，他们头脑灵活，性格开朗，善于交际，亲和力强，合群，好相处，朋友更多，人际关系更融洽。和有趣的人在一起，犹如进入一个奇妙的世界，顿觉豁然开朗，别有洞天。和他们待在一起，永远都不会无聊。这样的朋友，谁不想交？

※ 多读、多学、多体验

如何让孩子成为一个有趣的人呢？

有趣的本质是意外和惊喜。要产生意外的效果，制造惊喜的感觉，最好的方式就是：你能给予的，总是超过对方期待的。

首先，家长要培养孩子阅读的习惯。这种阅读不是指课本，而是广泛的阅读。广泛的知识是聊天的资本。梁文道说："读一些无用的书，做一些无用的事，花一些无用的时间，都是为了在一切已知之外，保留一个超越自己的机会，人生一些很了不起的变化，就是来自这种时刻。"

读书的意义是什么？我曾经看到过一种回答："从小到大我吃过很多东西，具体吃了什么已经记不得了；但我知道，这些吃过的东西已经变成了我的血、肉、骨骼，滋养了我的大脑，强壮了我的身体。"读书，亦是如此。读过的书会在不知不觉中引领人的思想，影响人的言行，改变人的气质，让人变得与众不同。

其次，父母要培养孩子的兴趣爱好。有趣的人爱好广泛，对生活、对朋友充满热情，明末张岱曾说：“人无癖不可与交，以其无深情也。”意思是说，一个人没有癖好，是不可交的，因为这样的人没有深情，对什么都浅浅淡淡的，又怎么能指望他对朋友重情重义呢？

有趣的人不排斥新事物，拥有强烈的好奇心、求知欲和探索精神。所以台湾作家吴淡如要求自己：“30 岁以后，我每年都会学一个新的特长。”兴趣爱好带来的，不只是精力有处投放。每开始投入一个新的领域，人的探索和求知本能就会被打开，于是发现生活的别样美，人也会更加热爱生活。

病榻上的梁启超在给女儿的书信里曾经这样写道：“我是学问趣味方面极多的人，我之所以不能专积有成者在此。然而我的生活内容，异常丰富，能够永久保持不厌不倦的精神，亦未始不在此。我每历若干时候，趣味转过新方面，便觉得像换个新生命，如朝旭升天，如新荷出水，我自觉这种生活是极可爱的，极有价值的，我虽不愿你们学我那泛滥无归的短处，但最少也想你们参采我那烂漫向荣的长处。”表达的正是一位父亲的殷切期望：不要专业单一，拥有广泛的兴趣爱好，成为一个享受人生、有趣可爱的人。

再次，父母要让孩子多体验，多尝试，多旅行。有故事的人都很有趣。一个经历有限、见识太少的人很难成为有趣的人。让孩子有尽可能多的人生体验，条件允许的话多带着孩子出去走走。旅行，以一种最直观的方式为孩子呈现一个最真实的世界。让孩子看到不同的人，经历不同的事，了解不一样的价值观，见识不同的生活方式，让孩子少一份狭隘，多一份包容，眼界更开阔，心胸更宽广。

体验才能触发灵感，激发创造力，创造意味着新鲜和活力。龙应台曾说：“上一百堂美学的课，不如让孩子自己在大自然里行走一天；教一百个钟点的建筑设计，不如让学生去触摸几个古老的城市；讲一百次文学写作的技巧，不如让写作者在市场里头弄脏自己的裤脚。”有研究发现，最有创意的设计师通常来自没有太多规则限制的家庭，父母不希望孩子循规蹈矩，鼓励他们多尝试，甚至打破常规。墨守成规的人是无趣的，多探索、多研究，偶尔有点儿天马行空才会有趣！

和孩子一起疯，一起玩，一起看日出，一起赏日落，一起趴在地上看蚂蚁，一起仰头观苍穹，一起探索，一起尝试，让他们体验世界的丰富和生命的奇妙，让他们成为一个有趣的人。因为在未来繁重的工作和漫长的人生中，有趣的特质会调剂他们的生活，彰显他们的品位，浸润他们的气质，助他们广交益友，活出快乐人生。

第四章
逆商教育，成功的保障

输不起，如何赢人生

生活本没有输赢，但如果你一旦有了胜负心，那你一定是输家。

——刘震云

※ 赢了固然好，输得起更重要

曾经在电视上看过一个亲子类节目，几对夫妻带着孩子参与节目组设置的各种比赛，根据结果分出胜负。其中一个孩子的表现让我印象很深。在爸爸划船环节中，其他孩子都大方地给所有叔叔加油鼓励，这个孩子的眼里只有爸爸。当妈妈提醒他要给别人加油时，孩子表现得很不情愿。其中一个爸爸不慎从船上掉到水里，孩子哈哈笑了起来，然后继续给爸爸加油；而当男孩的爸爸体力不支输给对手时，孩子的情绪非常激动，有小伙伴走过来安慰他，他还把对方推倒在地，最后大哭起来。

很明显，男孩太在乎输赢了。只是一场游戏，通过参与互动，增进亲子感情、娱乐大众，因为孩子表现得好胜心太强、得失心太重，一度让这个环节的冠军爸爸和主持人很尴尬。

其实不仅这个男孩，现在很多孩子普遍都“输不起”。

考试没拿到前三名就哭得撕心裂肺，甚至因为没考好选择自杀；

和爸爸玩个跳棋，赢了就开心得不得了，输了就要赖，还打人……

作家余华说：“中国的年轻人里面，优秀者很多，但扛得住事儿的太少。”

所谓扛不住事儿，正是逆商低的表现。

逆商，是美国职业培训大师保罗・斯托茨提出的概念，英文名字是 adversity quotient，简称 AQ，指人应对挫折、摆脱困境、重塑自我的能力。如果说情商是与他人相处的能力，逆商就是和自己相处、和挫折相处的能力。通俗来讲，逆商就是面对困难和挫折，秉持“只要人还活着就有希望”的信念，通过自我安抚、自我激励、自我反思、自我提升和坚持不懈实现触底反弹、成功逆转。就像美剧《This is us》中的台词说的那样：你要学会如何将生活赠予你的最酸涩的柠檬，酿成一杯甘甜的柠檬汁。

同样在一档科学竞技真人秀节目中，观众见证了一个意大利少年用高逆商征服观众、虽败犹荣的一幕。

在那期节目中，来自意大利的少年与中国少年对战。刚开始中国的孩子误以为自己输了，于是瞬间崩溃，在座位上失声痛哭起来；后来成绩出来，得知自己赢了，孩子马上破涕为笑。

而意大利少年的表现，感动了现场的每一个人。当所有人都以为他会获胜，他没有喜形于色；对方选手哭的时候，他也流下了眼泪；中国孩子获胜时，他走过去大方拥抱了对方。主持人问他刚才为何落泪，他说：“看他哭得那么伤心，我很难过，很想过去安慰他。”

坦然接受自己的失败，豁达地看待别人的成功，与悲者同悲，与喜者同喜，彰显的不仅是性格中的温暖和善良，更是胜利者应有的姿势和态度。

输了比赛，赢了心态。

这样的孩子，未来大有可期。

※ 一次输赢，决定不了人生

鲁迅曾说：“我觉得坦途在前，人又何必因为一点小障碍而不走路呢？”人生就是一场马拉松，而不是百米赛跑，与其跑得快，不如跑得久。赢在起点的运动员，未必笑到最后；起点落后的人，未必不是最后的冠军。成功是累积的结果，不是短暂的输赢，抛弃百米赛跑的心态，不必过于执拗于一次考试成绩、一次比赛胜负。

1982 年，18 岁的马云第一次参加高考。他的目标是北京大学，但是当年他的高考数学成绩却是 1 分。他没有气馁，更没有放弃，连续参加了三年高考。第三次，他的数学成绩已经提高到了 79 分，但是总分依然不够本科线。正好赶上那年杭州师范招生人数不够，几个英语成绩好的学生才被破格录取，马云就是其中一个。后来，马云创立了阿里巴巴。

同样参加了三次高考的，还有俞敏洪。俞敏洪第一次参加高考是1978年。那年他的英语成绩是33分，但是报考的学校外语录取分数线是38分。第二年他一边干活，一边准备考试，英语成绩提高到55分，但是英语录取分数线变成了60，他又落榜了。第三年，俞敏洪更加刻苦，专门参加了一个高考的辅导班。考试分数出来后，俞敏洪的英语得了95分，总分387分，顺利进入北京大学。后来，他成立了新东方。

李安第一年参加联考，以6分之差落榜。第二年数学成绩以0.67分之差，再度落榜。儿子的两次落榜让作为台南一中校长的李安的父亲特别没面子，李安更是承受着巨大的压力。后来，李安考上艺专影剧科，他形容那是“灵魂第一次获得解放”，李安开始学芭蕾、写小说、练声乐、画素描，最终成为美国奥斯卡最佳导演。

一次高考、一次比赛，也许可以影响未来，但决定不了人生。输了一次，不代表输了人生；赢了一次，也不意味着从此坦途。

相反，太顺利了未必是好事。傅雷在给儿子傅聪的每一封信中，都饱含着深刻的教育理念。他在《傅雷家书》中写道：“一个人太顺利，很容易于不知不觉中忘形的。太顺利了，人难免滋生骄傲自满的情绪，更重要的是，一个人赢得多了，缺少面对失败的经验以及锤炼，一旦遭遇挫折，很可能无法承受。”

在杭州灵隐寺有副楹联："人生哪能多如意，万事只求半称心。"国学大师南怀瑾表示，这两句话道出了人生的最高境界。父母要教育孩子：人生不会一帆风顺，输赢都是平常，要保有一颗平常心。失败不可怕，重要的是接受失败，从中吸取经验，总结原因并予以更正，并通过继续不断的努力实现目标。

※ 高逆商，绝地反击的资本

逆商低的人，做事浅尝辄止，努力过，也奋斗过，但是一旦失败，就偃旗息鼓，甩手放弃；逆商高的人，即使屡战屡败，也百折不挠，越挫越勇，最终大有作为。苦难，于他们不是万丈深渊，而是成功的垫脚石。丘吉尔曾说："被克服的困难就是胜利的契机。"所以，拥有了高逆商，就拥有了绝地反击的资本。

美国的心理学家曾经进行了一项长达 30 年的研究，他们对 1000 名智力超常的儿童进行跟踪调查。结果发现，这些智力相近的孩子长大后的表现千差万别。有的成了举世瞩目的科学家，有的一生碌碌无为。随后，心理学家又对 20% 最有成就的人和 20% 最平庸无奇的人进行了研究，发现前者意志坚定、自信乐观、有强烈的进取心，遇到困难百折不挠；而后者通常意志力薄弱，悲观消极，得过且过。

巴顿将军说："衡量一个人的成功标志，不是看他登到顶峰的高度，而是看他跌到低谷的反弹力。”纵观古今中外不难发现，无论是政治奇才，还是商业大亨，都有一种共同的能力：接受打击并且迅速自我修复的自愈能力，也就是今天我们常说的逆商。

1964 年，一个 18 岁年轻人的肖像照被刊登在了《纽约时报》头版的显著位置。因为眼光独到，他逆市场而行，在当时不被看好的纽约市中心建筑豪宅，刚好赶上美国经济复苏，于是抄底成功，一跃成为亿万富翁。

但是他的房地产生意也像坐过山车一样，曾经破产 4 次，个人资产从 17 亿美元遽跌至 5 亿美元。因为债台高筑，每年光是利息的负担就以亿计。但他总能东山再起，最终成为全球闻名的地产大亨。2016 年，他在古稀之年成功当选美国总统，成为美国历史上年纪最大的总统，完美诠释了中国那句老话“老骥伏枥，志在千里”。

他，就是美国第一位商人出身的总统——特朗普。

跌倒并不可怕，可怕的是，再也没有站起来。一个想要成功的人必须具备高智商、高情商以及高逆商。而逆商则决定了人身处逆境时面对困难的能力和心态，一个乐观的人，必然比一个悲观的人更容易重整旗鼓；一个隐忍的人，必然比一个浮躁的人更懂得蓄势待发；一个坚持的人，必然比一个放弃的人拥有更多成功的可能。

美国投资家贺希哈说过：“不要问我能赢多少，而是问我能输得起多少。”

输得起，才能赢得漂亮。

父母对输赢的态度，是孩子逆商的起点

> 不但要教孩子如何去赢，更要教会他们如何漂亮地输。
>
> ——白岩松

※ 孩子对输赢的态度，源于父母对输赢是否执拗

在网上看过一个段子——考试成绩决定了回家敲门的姿势——形象地表现了成绩对孩子的影响：考 60 分的孩子，怯生生地敲门；考 95 分的孩子很自然地敲门；考 100 分的孩子用脚踹门。孩子们对成绩如此紧张，源于父母对成绩极其看重。

刚出生时孩子并没有输赢的概念，到了 3 岁左右，他们会渐渐变得好胜，喜欢在比赛活动中胜出，一旦输了，就容易产生失望、生气等负面情绪。这是很正常的现象，并不可怕。可怕的是，父母错误的引导让孩子对于输赢有过分的执念。

在美剧《千谎百计》中，妈妈陪着女儿去参加选美比赛。妈妈期待孩子夺冠，但最终女儿只得了一个银奖。上台领奖时孩子面带笑容，

她本以为妈妈会和自己一起分享这份荣耀，没想到台下的妈妈直接黑脸离场，这让女孩瞬间崩溃，甚至绝望到想要自杀。

对输赢过于执拗的父母，势必也会影响到孩子对输赢的态度，让他们无法接受失败。

太在乎输赢的孩子，会变得输不起；输不起，也就失去了赢的机会。

2018 年，刘国梁缺席女儿刘宇婕参加的高尔夫球 CJGT 精英赛，妻子王瑾第一次与女儿搭档参加比赛，妈妈担任女儿的球童。由于母女两人初次合作默契程度不佳，孩子最终错失冠军。

王瑾在微博中写道："成长不分年龄，三天的共同拼搏是人生中难忘的经历，虽然没有拿到第一名有些遗憾，但高尔夫的道路还很长很长…加油我的宝贝！"

事后刘国梁也在微博中写道："既然选择了竞技体育这条路，那就好好享受以后输输赢赢的人生吧。"

在父母的教育下，刘宇婕从来没有因为打得不好而哭，反而告诉妈妈："哭有什么用，打好第二杆不就行了。"

7 月，刘宇婕摘得了世界之星青少年高尔夫锦标赛的冠军。

9 月，夺得汇丰中国青少年高尔夫冠军赛的女子 E 组冠军。

在汇丰中国青少年高尔夫冠军赛总决赛首日，刘宇婕的状态不是很好，仅以 1 杆优势领跑。

看到女儿状态平平，刘国梁也很着急。打完之后他跟女儿总结了很多，孩子自己也在复盘，为什么犯那些错误。

经过爸爸的指点，刘宇婕第二天的表现明显不同，将优势扩大到了 9 杆，最终成功夺冠。

他在微博里说：“不但要教会孩子怎么去赢，更要教会孩子如何面对失败，只有输得起的人，才能真正强大，并且在成功的路上走得更远。”

要想赢，先得学会输。失败不可怕，关键是不让失败影响自己后面的表现，不要因为失败灰心丧气，更不能因为失败一蹶不振。从“追求赢”到“学会输”，是孩子，更是父母的必修课。

※ 挫折教育越早，受挫能力越好

英国心理治疗师尼克·卢克斯摩尔曾说：“无休止地从失败的经历中保护孩子们对他们是有害无益的，当失败再次发生时，孩子们就会觉得很羞耻、难以理解甚至难以接受。”既然失败在所难免，与其让孩子未来花费不必要的时间和精力去纠结输赢，甚至被失败打垮，不如从小就教会他们坦然面对输赢。

在国外，我们经常看到这样的场景：两三岁的孩子蹒跚学步，走不稳摔倒了，父母连拉都不拉一把，只是停下脚步，鼓励孩子自己爬起来，继续往前走；孩子们你追我赶，在打打闹闹中擦破了皮，流出了血，甚至疼得眼泪直流，父母也只是察看一下伤口，稍做处理，就让孩子们继续玩……

看似是狠心的放养，实则是父母的良苦用心。他们明白：相对于未来的人生际遇，现在摔个跤擦破皮是不值一提的小事。他们也想让孩子明白：人生就像走路，时时充满意外和挫折，跌倒是再正常不过的事情。只要勇敢爬起来就好了。让孩子尽早地体验挫折，引导孩子正确地面对挫折，是人生的必修课。

美国教育博主Sunny Chanel有一篇名为《和女儿玩大富翁，为什么我从来不让她？》的文章曾经特别火爆。身为妈妈，Sunny Chanel的做法让很多家长反思：在和孩子玩游戏的时候，到底该故意示弱让孩子赢，还是正儿八经地和他PK？

在文中，Sunny描述了自己和女儿玩大富翁的情节：因为输得特别惨，孩子气得哇哇大叫，还指责妈妈："你太坏了！你为什么不让我赢？你为什么不让着我，太恶毒了！"最后大哭起来。

Sunny没有急于解释，而是轻轻地给女儿擦着眼泪，然后把她拥入怀里，让女儿释放自己的情绪。等孩子平静一些了，Sunny说："妈妈现在可以照顾你的感受，但是你长大后也会和别人比赛，那个时候没有人会在意你的情绪。现在不让你，不代表不爱你，而是妈妈希望公平竞争，无论输赢，至少是真实的。你难道愿意玩一个虚假的比赛，得到一个虚假的荣誉吗？玩游戏有输有赢，这是很正常的。输了就要承认，然后总结经验，争取下次能赢。这才是最重要的。"

女儿明白了妈妈的意思，擦干眼泪坚定地说："妈妈，我们再来一局好吗？这次你也不要让我。”

让孩子真切地感受“输”的过程，让孩子“输得起”，从“不让”开始。朋友因为工作忙，女儿经常交给姥姥照看。孩子喜欢跟姥姥一起玩游戏，老牛拉车、搭积木或者玩跳棋。为了哄孩子高兴，老人每次都会故意输。朋友发现这种情况后，制止了母亲的做法。她认为只赢不输，会让孩子活在虚假里，一旦进入社会面对残酷的竞争，会很难接受现实中的失败。输本身并不可怕，可怕的是输不起。让孩子从小懂得输赢规则，坦然接受结果，赢了不得意忘形，输了也不灰心丧气，不争一时的输与赢，重要的是不放弃的态度和再接再厉的努力。

所以，父母要给孩子体验失败挫折的机会。父母不需要无时不在，让孩子有机会独立面对问题，适当感受“无助”，明白自己的事情靠自己，学会独立解决问题；对孩子不需要有求必应，让他们明白有一种现实叫“求而不得”，培养孩子的心理弹性；适当吃苦也是一种挫折教育，没有人会一生顺遂，父母亦不能一生庇护。让孩子适当吃苦，他才能积聚更多力量，抵挡未来生活的风雨艰难。

积极的态度，积极地行动

只有把抱怨环境的心情，化为上进的气力，才是成功的保证。

——罗曼·罗兰

※ 曾经深陷旋涡的女孩

一次出差坐高铁，邻座是两个女孩。聊到春节安排，一个女孩说自己要出去旅游。

另外一个女孩很惊讶："怎么，你不回家？"

"我已经三年春节没回家了。"

对方哑然。

接着，春节不回家的女孩聊了一些家里的情况。

母亲是一个传统的农村妇女，勤劳、节俭，与人为善。父亲很能干，也很强势。因为性格原因，父母经常吵架，虽然没有家庭暴力，但是激烈的言语和紧张的气氛依然让年幼的女孩惊慌不已。从记事起，她就学会了察言观色，父母高兴，她就高兴；父母脸色难看，她就会谨小慎微。

后来，女孩去了外地上重点中学、高中，每周六上午回家，周日返校。每次一进家门，母亲已经做好了各种好吃的等着她，同时也准备了一肚子的委屈向她倾诉。

她感慨道："基本从周六返校到周日离家，母亲跟我说得最多的就是她的苦楚。她会尽数过去一周当中，父亲又和自己吵了几次，说了哪些伤人的话……来龙去脉，细枝末节，都会不嫌麻烦一一道来。"

就这样，女孩总是满怀希望地回家，又心事重重地离家。在那个少不更事的年纪，她觉得母亲太可怜了，所有人都对不起母亲，所有人都充满了敌意，包括父亲。她决心更加努力地学习，她做到了，从小学到大学，她的成绩一直名列前茅，但是女孩上课的时候会不经意间走神，看着窗外，想着父母此时是不是又在吵架，母亲是不是又受了委屈。

后来女孩长大了，毕业了，却越来越发现自己有很多问题：

为什么其他人都那么开心，自己却不能发自内心地快乐？

为什么总感觉肩上很沉重，像压了一块石头？

尽管可以跟大部分人和睦相处，但是性格中的弱点：自卑、敏感、急躁，也在深深影响着她，让她痛苦挣扎，又无力摆脱；跟男朋友在一起，她总是不停地挑对方的毛病，同时又很依赖他；大学毕业前几年她不停地换工作，似乎每个工作都不能让她满意，都能让她挑出一大堆问题。

一个偶然的机会，她做了一次心理咨询，也陆陆续续看了一些家庭教育方面的书籍，她慢慢明白自己的问题源于原生家庭，父母的争吵、母亲的抱怨是关键。因为性格软弱，又没有姐妹可以倾诉，于是母亲把女儿当成了倾诉的对象，但是她不知道，女儿当时太小了，不仅无力承担母亲的痛苦，还让自己深陷旋涡无法自拔……

“现在父母的关系一如从前，每次回家母亲还是习惯性地抱怨，我曾经很多次尝试跟他们沟通，但是……”

女孩的语气平静，表情淡然，就像在说着别人家的事，只是眼里充满了无奈和失落。

她在北京工作，因为性格原因，谈了几个男朋友都分手了，现在一个人。她告诉另外一个女孩：“我想给自己几年时间，远离父母，远离沉重，远离抱怨，让自己呼吸一点儿自由轻松的空气。我已经无法改变父母，但要修正自己；否则，我这辈子都不会幸福，也不能让父母晚年幸福。”

※ 爱抱怨的父母，是孩子一生的噩梦

是不是有很多人在上文的那个女孩的家庭中看到了自己的原生家庭，抑或是从女孩父母的身上看到了现在的自己？

父母本应是孩子最温暖的港湾。爱抱怨的父母，却会带给孩子最大的伤害。孩子就像一张白纸，他们的世界是五彩斑斓，还是暗淡无光，都取决于父母手中的画笔。爱抱怨的父母，会在不知不觉间把负能量传递给孩子，让孩子消极地看待这个世界，就像女孩说的，“她觉得所有人都充满了敌意”。爱抱怨的父母，互相指责，让孩子生活在冷言冷语和紧张气氛中，既感受不到家庭的温暖，还会因为父母的争执担惊受怕。他们小小年纪就要承受不该承受的家庭责任，甚至在学校都会分心，担心父母是否又在吵架。在本该最快乐、最天真、最无忧无虑的年纪，孩子表现出超越年纪的成熟，他们的小心翼翼、懂事听话，甚至唯唯诺诺，都是为父母的糊涂和自私所付出的沉重代价。

《深夜加油站遇见苏格拉底》中讲到这样一个故事：每到午饭时间，建筑工人山姆都会对着午餐盒发牢骚：“又是花生酱和果酱三明治，我讨厌死了花生酱和果酱！”直到有一天，他的同事实在看不下去了，就问他：“你这么讨厌花生酱和果酱，干吗不叫你老婆准备其他的东西？”

“什么老婆，你在说什么？”山姆回答说，“我又没结婚，三明治是我自己做的。”

是的，有些人习惯抱怨却没有意识到，自己才是真正需要负责的人，更从来没有想过自我改变。就像有些人总是抱怨塞车，却从来没想过早起 20 分钟避开交通高峰；有些妈妈抱怨夫妻感情淡漠，却从来不检讨自己对丈夫关爱太少、对公婆态度恶劣，有些父母抱怨孩子不爱学习，却忘了夫妻两人一个追韩剧，一个看球赛，陪伴孩子的只有手机里的动画片……

抱怨是推卸责任，是自身无能的表现。喜欢抱怨的人，只为失败找借口，不为成功找方法。威尔·鲍温在《不抱怨的世界》一书中写道："我们抱怨，是为了获取同情心和注意力，以及避免去做我们不敢做的事。"一个抱怨不停、怨气冲天的人，会习惯性地推卸责任，认为所有问题和矛盾都不在于自己，这样的人缺乏自我反思能力，不从自身找问题，只是一味地怨天尤人，这根本无助于问题的解决。

美国《时代周刊》曾经这样评价抱怨："'抱怨'真的就是口臭，它会传染，而习惯抱怨的人，就是在向自己的鞋子里倒水。"在这样的家庭影响下，孩子会不自觉地复制父母爱抱怨的行为和思维，也成为一个爱抱怨的人。

※ 停止抱怨，行动起来

聪明的父母遇到问题从来不抱怨，他们会从积极的角度思考，给自己一个乐观的维度，避免向孩子传递负能量的东西，因为他们明白：负面情绪就像有毒的种子，会在孩子的心中生根发芽。

有一年出门旅游，在酒店吃早饭的时候，外面开始下雨，看样子要持续很久，打乱了不少游客出游的计划。有的父母一边吃饭，一边诅咒可恶的天气，孩子受到影响，高昂的情绪也低落下来。

突然，我听到临桌一个孩子问妈妈：“我们今天的计划要泡汤了，妈妈，等会儿我们干什么？”

孩子妈妈没有很快回答，而是把头望向了窗外。

“宝贝，你不觉得这绵绵细雨其实也很美吗？待会儿我们和爸爸在酒店花园里来个雨中漫步怎么样？”

“好啊！”听妈妈这么一说，孩子突然来了兴致。

“不过我们得先去买伞，刚才从前台经过，我好像看到你喜欢的公主伞了。”

“太好了，谢谢妈妈！”

其实不光孩子，就连陌生人的我都瞬间觉得心情明朗了许多。抱怨，让生活充满负能量；积极起来，生活给你的满是阳光。

面对问题，除了要有积极的态度，更要有积极的行动。没有行动，一切都是空谈。这让我想起了一个很经典的故事：

一头驴不小心掉进一口枯井里，它的主人用尽各种方法，都没能把它救上来。无奈之下，主人决定弃驴填井，以免日后再有其他动物或者人掉进去。

于是，众人开始挖土填井。驴好像意识到了接下来要发生的事情，它非常伤心，开始大声地哀嚎，希望主人不要放弃自己。大家虽然心有不忍，但是也没有别的办法。

突然，驴不叫了，现场顿时安静下来。

主人觉得奇怪，于是探头向井底看去，不禁被看到的景象惊呆了：人们用铁锹铲土扔进井口，泥土先是落到驴子身上，驴子轻轻一抖，将泥土抖落到井底……就这样，填井继续，井底的土堆越来越高，最后井快填满的时候，驴子轻轻一跃，从井里跳了出来。

它得救了。

华为总裁任正非曾经说过：“狮子如果能追上羚羊，它就生存，如果它跑不过羚羊，只能饿死。羚羊要想活下去，只有平时加强训练，提高奔跑的速度，让自己跑得更快，即使跑不过狮子，也要比其他羚羊跑得快，只有这样才能得以生存。”狮子不能抱怨，要想活下去，就要奋力捕捉羚羊；羚羊不能抱怨，要想不被吃掉，就要跑得比其他羚羊快；驴子也不能抱怨，因为主人已经放弃了它，只能自救。

父母能陪孩子一时，却不能陪一世。未来终究要靠自己，父母能做的就是让孩子明白：遇事不要抱怨，勇敢地直面问题，找出问题或者失败的原因，提出方案并积极行动，这才是解决问题的正确方式。

美国《芝加哥太阳报》曾经评论：“如果你的书架上只能留一本书，那么它将会是《不抱怨的世界》！”

如果父母想培养孩子，那么第一个品质，请从“不抱怨”开始！

成功的先兆是惊人的毅力

> 告诉你使我达到成功的奥秘吧，我唯一的力量就是我的坚持精神。
>
> ——巴斯德

※ 没有坚持，终难成事

曾经有个家长向我咨询：孩子今年正读小学四年级，先后报过几个兴趣班。最开始孩子喜欢跆拳道，结果学了一个月，嫌太枯燥就懒得去了。后来又想学画画，这次坚持的时间长点儿，结果老画不好也放弃了。最近他迷上了架子鼓，因为看同学在班上表演节目觉得很酷，于是信誓旦旦地保证这次一定会好好学，结果去了几次，又不去了。孩子做事没有毅力，很多计划都半途而废了。学习上也是，有时候热情高涨，特别努力，但是坚持一段时间就又懈怠了，所以成绩也是一阵儿好，一阵儿不好的，反反复复。和兴趣班、学习成绩相比，这位妈妈更担心孩子的性格：小时候做事就没长性，长大后可怎么办？

其实，这位妈妈的担心不无道理。

孩子总是三分钟热度，开始时兴致很高，结果虎头蛇尾，做事容易半途而废，这是缺乏毅力的典型表现。这样的孩子长大后，也会延续这样的行事风格，因此很难有大的作为。就像丘吉尔说的："成功根本没有什么秘密可言，如果真是有的话，就是两个：第一个就是坚持到底，永不放弃；第二个就是当你想放弃的时候，回过头来看第一个秘诀。"

1844 年，马克思开始创作《资本论》，历时 20 多年，1867 年第一卷才出版。接着他开始写第二部，直到 1883 年他因为身体状况恶化去世。据不完全统计，在《资本论》写作期间，马克思阅读了 2000 多本经济学著作、4000 多种报纸杂志，各种摘录、手稿、提纲、札记达 100 多本。

1506 年，哥白尼开始写作《天体运行论》，他自建了一个小型天文台，用简陋的仪器进行天文观测、计算和研究，书中引用的 27 个观测数据，大部分是在这个小天文台记录下来的。直到 1514 年，《天体运行论》才初步完成，并于 1535 年最终修补完整，1543 年哥白尼去世前才得以出版。

《浮士德》是歌德毕生思想和艺术探索的结晶，从构思到写作，《浮士德》贯穿了他的一生。歌德于 1768 年开始创作，直到 1832 年——前后历时 60 多年。

英国伟大的科学家牛顿曾说过："一个人做事如果没有恒心，它是任何事也做不成功的。”要成就一番事业，需要持久的恒心和不懈的坚持。

※ 触发激情，恒久坚持

美国心理学家、宾夕法尼亚大学副教授 Angela Duckworth 根据多年的研究，提出了预测一个人取得成功的关键特质——毅力。她发现，毅力能够更准确地预测一个人未来事业的高度和成就。她在新书《毅力：激情和坚持的力量》中提出，成功光靠才华是不够的，还必须有坚强的意志力做支撑，尤其在面临重重困难时。毅力是一个人的忍耐力，是为了完成学习、工作和事业的持久力，毅力表现为一个人固执地解决问题和达成目标。和其他方面的教育一样，只要方法得当，毅力也是可以培养和提高的。

Angela Duckworth 认为，毅力是对长远目标的激情和坚持，也就是说，毅力是激情和坚持的结合。生活是一场马拉松，不是一次短跑，恒久的坚持不是持续一个星期、一个月、一年，而是需要日复一日，几年甚至几十年的坚持。所以，父母在培养孩子毅力的时候千万不要忽略“激情”这个要素。

村上春树曾说：“喜欢的事自然可以坚持，不喜欢的怎么也长久不了。”让孩子在不断的尝试和体验中，找到自己的兴趣点，遵循内心的喜好去寻找未来人生的发展方向。这既是理解自己、懂得自己、做自己的重要标志，也是坚持的前提。如此，他们才更愿意全力以赴。激情始于热爱，再苦都是享受，没有激情的坚持只是一场痛苦的折磨。

父母还可以通过一些小技巧，培养孩子的毅力和耐力。激将法就是一个不错的选择。比如，孩子答应今天洗碗，但是看到小伙伴在楼下踢球就心痒，洗了几个碗就不想干了。妈妈可以说："我就跟你爸爸说过，你干不了洗碗的活儿！"孩子听了妈妈的话反而不服气："我今天偏要把碗洗干净了让你看看！"妈妈故意说反话，表现出对儿子的不相信，激发了孩子不服输的精神。

父母的示范作用同样重要，父母是孩子最好的老师，父母的一言一行都会对孩子产生潜移默化的影响，如果父母做事"坚持不懈、不达目的誓不罢休"，孩子会在无意识中习得这种特质；还可以经常给孩子讲一些古今中外的伟人故事，让孩子从这些名人轶事中受到熏陶和感染，以此来鼓舞孩子，培养顽强的毅力。

※ 培养孩子专注力，让孩子独处！

孩子正在看画报，妈妈给他放钢琴曲；

坐飞机的时候，孩子正聚精会神地看着窗外，爸爸却给孩子讲大气层。

孩子在滑梯上玩得不亦乐乎，妈妈一把拖住他：“宝贝快看，这滑梯上写着英文呢，p-l-a-y，play，就是“玩耍”的意思，记住了吗？”

孩子正在聚精会神地写作业，妈妈削了一个苹果端过去：“来，今天还没吃苹果，快补上。”

这些家长都犯了一个同样的毛病：不让孩子独处，其结果就是让孩子失去了培养专注力的好机会。

专注力又称注意力，指一个人专心于一件事或一项活动时的心理状态，是人的心理活动指向和集中于某种事物的能力。当孩子集中注意力做一件事情的时候，家长不要过度干扰孩子，让孩子玩的时候专心玩，学的时候专心学。

曾在梁文道的文章里看到这样一个故事：有一位禅师，日日修行，生活简单而纯粹，但是有一个嗜好：喜欢甜食。听说禅师病重，弟子们从四面八方赶来探望，还带来了师父喜欢的各种糕点。坐化之前，老禅师端坐榻上，神态安详。忽然，他缓缓抬起手拿了一块糕点放入口中，慢慢咀嚼。吃罢，他嘴角微微上扬，面露一丝笑意，唇齿微张，好像有话要说，弟子们赶紧上前，聆听师父最后的教诲。没想到，老禅师只是轻轻吐出了两个字“好吃！”就圆寂了。

在临死之前，老禅师对于自己喜欢的食物，依然保持着极强的专注力，并收获了内心的快乐和力量。村上春树在书里说：“跑步为什么？为了专注力。就是把自己所拥有的有限才能，专注到必要的一点的能力，如果没有这个，什么重要的事情都无法完成。”

认识一个男孩，是一个年轻的创业者。朋友们评价他最大的特点是：极强的专注力。他可以为了一个项目的方案，连续工作十几个小时。谈到这一点，他说要得益于妈妈对自己的影响。小时候他经常跟着妈妈去工作。妈妈是一个专栏作家，时间和地点比较自由。妈妈的专注力很强，能在星巴克待上一天，看书或者写东西，为了不影响妈妈，他就在旁边自己玩，比如画画或者拼图。慢慢地，他能专注地玩上两、三个小时，这对于一个六七岁的孩子来说非常不易。

他有很多朋友，同时又很享受独处的时间。他认为，和朋友在一起是收集信息的时间，而独处是整理信息的时间。为了做喜欢的事情，他能一个人工作很久而不感到孤独。后来自己创业，他发现这是一个很大的优势。面对工作，自己能一直专注在某一个点上，注意力高度集中，直到问题的解决。遇到难题，即使他一个人面对，内心依然充满力量。

在日常生活中，父母要注重培养孩子的专注力。一个很好的办法就是，适度放手，给孩子独处的机会。独处是一种特别的能力。就像龙应台说的那样：“有些事只能一个人做；有些关，只能一个人过；有些路，只能一个人走。”能够和孤独和睦相处，是一种力量，也是一种智慧。愿每个孩子都能在和睦的人际关系之外学会独处，才能在未来遭遇人生困境时坚定面对，专注问题，勇敢承担，成功跨越。

第五章
财商教育，做财富的主人

财商教育，是人生的必修课

金钱教育是人生的必修课，是儿童教育的重心，就如同金钱是家庭的重心一样。

——默克尔

※ 《富爸爸，穷爸爸》的现实意义

我们在生活中或者从媒体报道中会看到这样的事：

小朋友在百元人民币上涂鸦，或者直接把钱当废纸撕掉；

孩子过年收到压岁钱，逛超市时看到什么都想买，300 多元的玩具还说：“很便宜，反正自己的压岁钱有 1 万多元呢！”

还有频频爆出的巨额打赏主播事件：2018 年，19 岁男孩 5 天打赏女主播 21 万元；一名 30 岁男子打赏网络女主播拖欠 32 万元巨款，母亲得知后当晚去世；2019 年 1 月，宅男携 226 万元离家出走，半个月打赏用去 170 万元……

在校园借贷或者网络贷款平台上借几千元，因为没有及时还款，利滚利滚成几万元，甚至几十万元，女大学生校园贷款打“裸条”，河南大学生因网络贷款被逼死，还有人因无法偿还贷款选择轻生。最近一起因借贷引发的轻生事件发生在2019年4月。山西一名21岁女孩从2015年开始在网上贷款平台上借钱，刚开始只是借几千块，几年时间里还了八万多元，可是还欠十七万元，从开始的只欠一家，最后变成了欠20多家网贷平台的钱，女孩因不堪重负，最后选择轻生。

还有的人买彩票中了巨额奖金，因为沉溺于赌博和享受，财产很快被挥霍一空，严重的甚至负债累累……

而以上那些事件背后折射的金钱管理能力薄弱、金融知识不足、错误的消费观念等，正是财商匮乏的表现。中国年青一代普遍缺乏财商，导致新“四大家族”的产生——卡奴族、房奴族、月光族、啃老族。

1999年4月，一本以美国作家兼企业家罗伯特·清崎为主要作者的图书在美国出版，仅用了半年时间，该书就创下百万销量的佳绩，此后更是风靡全球，发行至100多个国家和地区，总销量超过2900万册，这本书的名字就是《富爸爸，穷爸爸》。

财商（financial quotient）一词，最早是由罗伯特·清崎在该书中提出的。书中还警示人们：“如果你不教孩子金钱的知识，将来有其他人取代你来教育他。其他人是谁？也许是债主，也许是奸商，也许是警方，也许是骗子。”

在《富爸爸，穷爸爸》中，清崎有两个爸爸——一个穷爸爸，一个富爸爸。穷爸爸是他的亲生父亲，学历高，工作体面；富爸爸是好朋友的父亲，是一个企业家，高中没毕业，但是尤其善于投资理财。当穷爸爸因为工作越来越忙，根本没有时间陪家人的时候，富爸爸实现了财务自由和时间自由，他有很多时间跟孩子们在一起，做自己喜欢的事情。

清崎按照穷爸爸为自己设计的人生轨迹，度过了自己的少年和青年时期。但是当他目睹穷爸爸失了业，富爸爸却成了最富有的阶层之后，清崎毅然追寻富爸爸的脚步，秉承“穷人为钱工作，富人让钱为他们工作”的金钱观和理财哲学，从此踏上财富之路。

财商就是指一个人与金钱、财富打交道的能力，是一个人对财富认知、获取、运用的能力。《富爸爸，穷爸爸》一书，让人们第一次认识到“财商”的重要性。世界著名演讲家和作家安东尼·罗宾曾经这样评价罗伯特的工作:“罗伯特·清崎所做的教育是有巨大影响力的、是深刻的，也可以说是改变人生道路的工作，我对他的努力极为敬佩和推崇。”这本 2000 年引入中国的畅销书，也成为中国人财商教育的启蒙读本。时至今日，依然有人这样评价这本书：“高中读过的《富爸爸，穷爸爸》，改变了我的一生。”

在现代社会，财商与智商、情商被称为现代社会三大不可或缺的能力。如果说，智商反映人在自然中的生存能力，情商反映人在社会中的生存能力，而财商则是人作为经济个体在经济社会中的生存能力。生活中，经济及金钱现象无处不在，人们对金钱的态度，人们获取、管理、使用、创造金钱的能力越大，生活越富足，这直接影响人的幸福指数。美国教育基金会会长夏保罗曾指出：“美国人有一个共识，在诸多成功中，赚钱最能培养人的成就感和自信心。”所以，财商也被越来越多的人认为是实现成功人生的重要因素。

※ 父母的财商观念，决定了孩子未来的财富之路

目前，财商教育在中国教育中依然是缺失的部分。

网上有人编过这样的段子：

美国孩子问爸爸：“我们家有钱吗？”

爸爸回答：“我有，你没有。”

美国孩子不解。爸爸解释说：“我的钱是靠自己奋斗得来的，如果你也想有钱，也要通过自己的努力去获得。”

但是面对孩子同样的问题，中国爸爸的回答是：“咱们家有很多钱，这些钱以后都是你的。”

段子有调侃的意味，却也真实地反映了两国父母在财商教育上的两种截然不同的态度。

美国爸爸的回答让孩子明白三个问题：第一，钱是怎么来的？不是父母给的，是靠自己挣来的。第二，怎么挣？劳动。第三，如果你也想变得很有钱，该怎么办？靠自己努力劳动。

明白了这些道理，孩子就会变得积极而充满期待，他们也想像

爸爸一样获得财富，所以会很努力。这种教育里包含的不仅是自立自强，更重要的是一种财商启蒙，从小获得的财商教育会让孩子受益一生。

中国爸爸也希望孩子靠自己努力奋斗，但是孩子听了爸爸的话，只会明白这样几个“道理”：第一，我们家很有钱；第二，我爸的钱都是我的钱；第三，我不用努力就能获得很多钱。当孩子有了这样的想法，他的努力程度可想而知。

中国有句老话：授之以鱼，不如授之以渔。如果孩子从父母那里获得的只是固定的财富，却没有足够的财商，就无法实现财富的持续增值，更可能因为无度消费，把巨额的财富挥霍一空。

这就是财商教育的差别。给孩子再多物质，不如让孩子精神富足；给孩子再多资产，不如教孩子如何赚钱。让孩子明白：爸爸是强大的，家庭是富足的，自己是安全的；但是爸爸是靠自己的付出，我也要靠自己奋斗。如此，孩子就会更加积极，也会对自己的人生负起责任。而强大的财商，更会让孩子一生无忧。无忧的生活不是靠长大后的突然顿悟才努力致富，而是靠从小耳濡目染培养的财商铺就的财富之路。

正是因为父母在财商教育上的不同态度，导致了两种截然不同的现象：

在国外，孩子挨家挨户敲门兜售自制的产品，孩子爸爸在不远处的豪车内耐心等候；豪宅前，桌子上摆放着孩子们用过的二手玩具以及图书，他们自己定价，销售给邻居和过往的路人；还有的孩子会替邻居家修剪草坪，挣得自己的零花钱。在美国，从孩子进幼儿园开始，就会接触理财概念，每年在外打工挣零花钱的中小学生有 300 万；约 1/3 的孩子拥有自己的银行账户，“钱的教育”是家庭教育中不可或缺的重要组成部分。

而在中国，大部分家长只重视智商和情商的培养，忽视甚至无视财商教育。大多数孩子还在过着衣来伸手饭来张口的生活。只要把学习搞好，考试拿高分，可以碗不用洗、地不用扫、垃圾不用倒，甚至油瓶倒了都不用扶。财商教育缺失的孩子，不仅缺少独立性，成年后会在驾驭财富、运用财富以及让财富倍增能力方面显现出巨大的不足，所以才出现了前面提到的那些情况。

※ 财商教育，从小培养

在网上看到过这样一种提法：我们 25 岁的时候挣多少钱，5 岁的时候就决定了。也就是说，从小形成的财商决定着个人未来的财富。

一次媒体记者问股神巴菲特：“您认为孩子几岁时，父母可以跟他们讲金钱和投资？”

巴菲特的回答是：“越早越好。”

而他赚到第一笔钱的时候，才刚刚 6 岁。

巴菲特后来取得的巨大成功，就离不开父母自小对儿子财商的培养。当小巴菲特想买玩具时，父母会告诉他玩具的价格，让他明白存钱的意义；他们让 6 岁的小巴菲特骑着自行车在社区里送报纸，让孩子理解付出才有回报；全家旅游时，母亲以 25 美分卖给了儿子 6 瓶可乐，并帮助他以高一倍的价格卖了出去，让他明白用钱生钱的道理。他们认为，既然生活离不开金钱，为何不尽早培养孩子良好的理财习惯呢？

于是，9 岁的时候，巴菲特会去高尔夫球场寻找用过、可以再用的高尔夫球，出售给邻居来赚钱；

14 岁时，他用自己平时攒下的 1200 美元，从父亲手里买了一块 40 英亩的农场，在奥马哈周边“置业”当上了小地主；

读高中时，他看到理发店生意火爆，就和朋友合伙买了几台弹子球机，放到理发店供等待理发的客人打发时间，再按小时收费，收入和理发店老板五五分成……

就这样，股神逐渐开启了自己的财富之路，成为 20 世纪世界上最知名的投资者之一，人们都乐于听取他对经济、金融、商业和投资的建议，还有人愿意付出上百万美元，只为了与他共进一顿午餐。

当年，王健林给了王思聪 5 个亿的创业资金，并做好了最坏的打算：打了水漂，就当是给儿子的教学成本。没想到几年过去了，王思聪用 5 亿赚了 60 多亿。

当时网上有一个提问：“如果给你 5 个亿，你会干什么？”

有人开玩笑说：“给我 5 个亿我还用干什么吗，当然是什么都不干了啊！”

玩笑归玩笑，但是这其中也反映了人与人之间的差别，或者说穷人和富人之间的差距——财商的差别。

富人之所以富，是有原因的，其中一个重要的因素就是他们注重从小对孩子财商的培养。李嘉诚为了让孩子树立正确的金钱观，很小就让孩子当球童、杂工，在收购美国哥顿公司“垃圾债券”项目中，两个儿子所表现出的灵敏的商业头脑和精明的商务运作正是得益于父亲对他们财商的培养。李嘉诚曾自豪地说：“即使我不在了，凭着他们个人的才干和胆识，都足以各自独立生活，并且养家糊口，撑起家业。”

财商，是一个人与金钱打交道的能力，是理财的智慧，是认识财富、管理财富、创造财富、享用财富的能力。家庭教育中，财商教育一定不能缺位，必须从娃娃抓起。

教育专家认为，从 3 岁开始，就要帮助孩子建立经济意识。在一些发达国家，比如美国、英国、日本，财商教育已经作为中小学的必修课，不仅教授相关知识，还要孩子进行一定的理财实践。不同国家也有针对各个年龄段孩子的财商教育标准。在美国，孩子 3 岁就要能够识别硬币；4 岁的时候可以用硬币买东西；5 岁的时候要明白用钱买东西，但是钱是要靠劳动挣得的；6 岁时可以进行简单的零钱找换；7 岁的孩子能够阅读价格标签，判断自己的钱是否能够支付，并保证准确购买，找零无误；到了 8 岁，当购买能力不足时，知道了节省和存钱的意义；9 岁的孩子购物知道货比三家，制订开销计划……

财商教育之挣钱

> 喜欢的东西自己努力赚钱买。
>
> ——马云

※ 天下没有免费的午餐

一个 7 岁男孩看上了一套乐高积木："妈妈，我要买这个。"

妈妈嫌贵："不行。"

孩子不高兴了："太小气了。"

妈妈教训孩子："爸爸妈妈挣钱不容易。"

孩子把眼睛一瞪："瞎说。"

妈妈也急了："我怎么瞎说了？"

孩子说："就是瞎说。你们的钱来得很容易。"

妈妈倒是糊涂了："怎么就容易了？你说说！"

孩子小嘴一撇："你们的钱都是手机里来的。每次买东西，一刷手机就行了。"

妈妈无语了。

钱是从哪里来的？很多父母没有和孩子讨论过这个问题。

心理学家对1000名不同阶层家庭的3～8岁儿童进行了询问调查，问他们钱从哪里来？孩子们的回答，可谓是五花八门。有65%的孩子表示钱是从爸爸妈妈衣服口袋里变出来的，约30%的孩子表示钱是银行给的，甚至还有孩子说钱是树上长的，因为妈妈说过世界上有一种树叫“摇钱树”。仅有不到5%的孩子会说，钱是靠爸爸妈妈工作挣来的。

让孩子们明白“钱到底是从哪儿来的”，这非常重要。现在孩子们的物质生活非常丰富，很多孩子花钱大花大脚，是因为他们根本没有金钱观念，好像钱是从天上掉下来的。作为财商培养的重要一步，父母要让孩子们懂得钱是用劳动挣来的，是用知识换来的，是靠辛苦工作得来的。金钱是双手创造出来的，金钱来自交换，需要不懈的努力和付出。

日本人教育孩子时有一句名言：“除了阳光和空气是大自然赐予的，其他一切都要通过劳动获得。”日本家长都鼓励孩子自力更生，利用课余时间在外打工挣得零花钱。孩子们可以用零花钱买喜欢的玩具，但是如果钱不够了，只能等到下个月攒够钱再买，就是为了让孩子们懂得，钱不是无缘无故从天上掉下来的。如果你想有钱，必须先付出努力。

在拳王邹市明的妻子冉莹颖和儿子轩轩一起录制的节目中，轩轩把蛋糕和水混在了一起，冉莹颖看到后非常生气，严厉地教育儿子：

“水是用钱买来的，蛋糕也是用钱买来的，家里所有的食物，一点一滴都是靠爸爸辛辛苦苦一拳一拳打来的，所以浪费食物是非常可耻的。”最后轩轩认识到错误，诚恳地向妈妈道歉。

我一个朋友自己开了公司，周末她到公司加班的时候，只要孩子有空，都会让儿子跟她一起去。她说自己的想法很简单，多领着孩子去公司看看，让孩子了解自己平时是如何工作、如何挣钱的，让他知道：天上不会掉馅饼，自己平时花的每一分钱都是靠父母辛勤工作换来的，所以要珍惜。

世上没有免费的午餐，有一分耕耘方才有一分收获。父母要告诉孩子钱不是凭空来的，风刮不来钱，雨下不来钱，要想得到钱，必须付出劳动。这种教育要融入到日常生活中。

※ 钱，得来不易

2018 年，一个泰国妈妈在 Facebook 上分享了一段自己的育儿经历：

5 岁的儿子闹着不想上学，父母怎么说都没用。

于是妈妈给孩子请了假，带他去街上捡垃圾！

母子俩一边走一边捡塑料瓶，走了大约 2 公里，捡了一袋子塑料瓶。俩人把捡来的瓶子卖给废品收购市场，才卖了 2 泰铢，约合人民币 0.4 元。

可是男孩饿了，想吃烤肠。

妈妈问他："一根烤肠 10 铢，钱够吗？"

孩子看看手里的钱："不够。"

孩子渴了，想喝水。

妈妈说："一瓶矿泉水 5 铢，钱够吗？"

孩子低下了头："不够。"

孩子又累又渴，想坐公交车回家。

妈妈又问："坐公交要 10 泰铢，钱够吗？"

孩子不再说话。

妈妈说："所以，我们既没有钱吃烤肠，也没有钱喝矿泉水。如果我们想坐公交车回家，必须捡到更多的瓶子。你是想上学，还是想象现在这样工作？"

孩子大声回答："我想上学。"

这是一位睿智的妈妈。这段经历对孩子是一个很好的教训，让他懂得了上学是一件多么幸福的事情，更让孩子懂得了金钱的来之不易。

对孩子来说，劳动赚钱究竟有多么辛苦，他们是没有概念的。对孩子进行财商教育时，父母不妨让孩子亲身体验，让他们知道金钱的来之不易，他们才会珍惜金钱，珍惜父母的劳动成果，并感恩父母。

贝克汉姆是著名球星，可以说他的儿子布鲁克林是含着金钥匙出生的。但是到了一定年纪，他也要出去打工。比如，布鲁克林 15 岁时曾在一家咖啡店做店内侍者，主要工作是为客人端咖啡、端盘子、做各种杂活。通常这类工作的薪水很低，大概每小时 2.68 英镑（约合人民币 20 多元）。这点儿钱对贝克汉姆一家来说，显然不值一提。

但是，贝克汉姆和妻子依然鼓励儿子坚持出去打工，他们觉得：打工赚多少钱并不重要，但是儿子在打工过程中能体会到“金钱的来之不易”，这对于孩子建立正确的财富观是尤为重要的。

与其用苍白的语言教育孩子挣钱很辛苦，不如带孩子体验实际的劳动，如去超市站一天可能才挣几十块，而买一双运动鞋可能就需要几百块，他们才能真正明白“挣钱辛苦”四个字的含义。

※ 给孩子创造挣钱的机会

在合适的年龄让孩子体验赚钱的辛苦和快乐。一个比较好的办法是等孩子到了打工的合法年龄，让他们出去打工挣钱。父母可以帮助孩子找一份安全可靠、时间合理、难度不大的工作，让他们体验工作的过程，拥有自己的收入。打工不仅可以让孩子体验如何工作，享受工作带来的成就感，也是孩子独立的开始。

美国中学生的口号是：“要花钱，自己挣！”南部一些州立中学，为了培养学生适应社会、独立生存的能力，明文规定：学生毕业前必须不带分文，外出谋生一周才能拿到毕业证。不管家里经济条件多好，一般孩子满 12 岁以后都得固定时间给家里做家务，比如剪草坪、挤牛奶等，家长也要给孩子相应的“报酬”，体现按劳取酬。有的父母特意让孩子出去打工，而不是在家里靠做家务挣钱。因为在外打工是进入真实的职场环境，更能锻炼孩子的生存自立能力。

美国“石油大王”约翰·戴维森·洛克菲勒从小就靠给父亲打工挣零花钱。每天早晨，小洛克菲勒都要早早起床，或者到田里干农活，或者帮母亲挤牛奶。他从小就有记账的习惯，还有一个专门用于记账的小本子，上面详细记录了自己每天的工作内容、时长以及应得的报酬，并以这些为依据跟父亲结算每月的收入。

洛克菲勒后来回忆说，不管是做具体的家务活、记账，还是结账，自己都非常认真。因为这些工作让一个年幼的孩子感到既神圣，又充满趣味，所以乐此不疲，享受其中。后来，他的第二代、第三代乃至第四代，都延续了小时候做家务、记账的传统，定期接受父母的检查，以此来挣到自己的零花钱。

在一次儿童财商培训课上，一个妈妈分享了儿子的“生意经”：

去年暑假开始的半个月，儿子每天不是守着电视看动画片，就是到楼下跟小朋友疯玩，我想何不趁这个时间给孩子来一个财商启蒙？

正好邻居是做文具批发的，我琢磨着从她那里进货，然后让儿子去夜市上摆摊卖文具。我先是跟邻居说了这个想法，她非常支持，觉得这是教育孩子的好机会，还承诺给我最低价。我又去跟儿子商量，没想到他特别愿意，兴奋得都蹦起来了。

于是，我从邻居那里拿了十几包文具，里面有铅笔、橡皮、尺子、文具盒，还有一些小玩意儿，都是孩子们喜欢的东西。

第一个工作就是让儿子记价格，当我问到每件文具时，他必须马上报出价格。

第二个工作是模拟销售。我扮演顾客，找他买东西，训练儿子快速报价，并找对零钱。经过反复演练，儿子终于可以轻松应对了。

那天晚上，儿子自己背着双肩包出发了，我和孩子爸爸在后面跟着。到了夜市，他找了一个空地，把提前准备的报纸铺到地上，然后打开背包，把文具拿出来，按照一定的顺序摆放好。最后把小马扎支好，坐下，把零钱盒放到自己面前，整个过程有条不紊。这就算正式开张了。

夜市上很多人摆摊，但是他这么小的孩子还是第一个，加上夜市上有很多年轻的父母带着孩子逛，大人觉得这么小的孩子摆摊很好奇，小朋友看到有好看的文具也被吸引了，不一会儿，儿子的小摊儿前就围了不少人。

“妈妈，我想要这个小熊的橡皮！”

“爸爸，这有变形金刚的彩纸啊！”

“那你问问小哥哥多少钱。”

“小哥哥，多少钱？”

“这个……3 块。”

没想到，儿子第一次做生意就这么多人捧场。我们站在他后面，静静地观察他。看到这么多人，儿子有点儿小紧张，也有点儿小兴奋。但是他很快就进入了角色，问价格的，他对答如流，买东西的，他收钱找钱，忙得不亦乐乎。

由于邻居给的价格低，儿子的定价也比很多文具店里的价格便宜，不到一个小时，他包里的十几包文具全部卖完了，当天晚上净挣30元，他特别开心，又缠着我帮他进了几次货，直到快开学了，他的摆摊生涯才结束。

刨去成本，儿子总共挣了300多元，我和孩子爸爸允许他自己支配这笔钱，儿子想来想去，最后花了150元买了他一直梦寐以求的机关枪，然后把剩下的钱存了起来，还说等明年夏天要用这笔钱进货，继续摆摊。每当和伙伴们一起玩打仗游戏时，他都会很自豪地说："这挺机关枪是我自己挣钱买的噢。"

这位妈妈很欣慰，通过这次暑假摆摊活动，儿子既得到了锻炼，又尝到了靠自己双手挣钱的滋味。她还提到，儿子在自己的日记中写道："这是我度过的最有意义的一个暑假。"

财商教育之花钱

> 巧妙地花一笔钱，和挣到这笔钱一样困难。一个人花钱的方式，藏着他的智慧。
>
> ——比尔·盖茨

※ 花钱也需要智慧

邻居跟我说了一件孩子的趣事：那天做饭的时候她发现家里没盐了，就给了6岁儿子50元钱，让他帮忙去楼下超市买一包盐上来。因为她家住二楼，所以才放心让孩子下去一趟，这也是孩子第一次单独买东西。结果店主把盐给了儿子，孩子放下钱就跑了，都不知道找零……

一个朋友的儿子去年上了寄宿中学，周日晚上到校，周五下午回家。这是孩子第一次离家住校，没想到第一个星期就出了问题。当时他把孩子送到学校，给足了一周的生活费，把各种生活用品买齐安排好，还嘱咐了各种安全问题就离开了。周二下午老师就打电话过来，说孩子生活费用完了，中午没饭吃了，还是同学帮忙垫付的饭钱。朋友火急火燎地赶到了学校，原来儿子周日开始住校，不到两天工夫就把生活费花光了，买了各种零食。到周二中午才发现没钱吃饭了。朋友觉得，儿子十几岁了，花钱这么毫无计划，做事顾头不顾尾，让人非常生气。

还有一个家长跟我念叨孩子不省心：女儿大学毕业了，本来想着以后不用当孩奴了，结果女儿成了月光族和卡奴。每个月工资一到手，女儿半个月时间就能把工资挥霍一空，剩下半个月就靠花呗、信用卡支撑。好不容易挨到下个月发工资，还完花呗和信用卡，再挥霍挥霍，卡里所剩无几了，只好继续用花呗、信用卡透支……月月如此，已经形成了恶性循环，有时候实在还不上了，还得求助父母。现在女儿纠缠在这些似乎永远还不清的债务中，觉得很累，但是又改不了花钱大手大脚的习惯，花钱没有节制，所以特别苦恼。

其实，像这样的孩子不在少数。作为家长，也有推卸不了的责任。因为小时候没有接受过财商教育，导致孩子对金钱的认识模糊，对金钱的欲望一直处在被压抑的状态。等到有一天，有机会接触钱了，他们不是在管理钱，而是沦为钱的奴隶了。所以花钱随心，毫无计划，缺乏自控力，也是意料之中的事情。有钱的时候大手大脚，没钱的时候可怜兮兮，还有人会为了无度消费走上借贷的不归路，所以“金钱，不但要取之有道，还要花之有道”。

主持人撒贝宁在节目中分享过一个他小时候的购物原则——二选

一。父母规定，撒贝宁每次去超市只能用零花钱买一样东西。至于买什么，决定权在于孩子。买回去不许后悔，不许哭闹，因为决定是自己做的，任何后果都要自己承担。所以撒贝宁每次去超市之前，都要想很久，左右权衡，再三比较，也需要很纠结，甚至挣扎才能决定。但是父母这个做法也慢慢培养了他的独立性，让他懂得了：自己做的决定，结果不论好坏都要自己承担。

有句话说得好：善理财者，得其道而自裕焉。理财包括两个方面：挣钱、花钱。赚钱是一门学问，花钱同样需要智慧。日本财务金融专家野口真人专门写了一本书叫作《学会花钱》，就是教人们如何明智合理地花钱，甚至如何让花出去的钱带来更多的财富。书中提到很重要的一点是：这个钱值不值得花，钱要怎么花。首先我们要搞清楚，哪些是必须花的，哪些不是必须的，尤其在财富有限的条件下，哪些钱需要省一省，哪些东西即使想买也需要再等一等。

在美国的财商课堂中，孩子们很早就开始接触这方面的知识，学习 needs（需求）和 wants（愿望）。needs 是满足基本生活需求的东西，比如住的房子、穿的衣服、吃的食物等，wants 是我们很想要，但是得不到也一样可以生活的东西，比如玩具、宠物、小零食等。

老师们会假定一个情景：如果兜里只有 20 元，但是你又想有饭吃，又想买巧克力，又想玩跳跳床，你该如何使用这 20 元钱？

如果玩跳跳床用去 15 元，就只剩下 5 元吃饭，还有可能饿肚子；为了保证不挨饿，就只能放弃巧克力和跳跳床，自己又很难过。很多孩子会非常纠结，不知道如何选择，于是他们发现：理想很丰满，现实很骨感。

这样的体验可以让孩子们更好地理解：钱不是无限度的，不是想买什么就买什么，买东西也要动脑筋，花钱也需要有所选择。在购物前，家长可以跟孩子讨论要买什么，让孩子学会区分想要和需要。在实际购物中，教导孩子了解商品的成分、质地和价格，让孩子参与购物的决定，懂得合理取舍，抵抗不必要的诱惑。

在一次财商学习课程上，一个宝妈的财商教育得到了很多家长的赞许。她提倡：对孩子的购物要求，不能有求必应，但是也不能一律拒绝。很重要的一点是，让孩子明白：你需要的和你想要的，是两个完全不同的概念。在经济条件允许的情况下，只要是恰当的要求，她都会满足，不论是孩子需要的，还是想要的。但是有个前提：优先性。比如，这次去超市主要是买牛奶和面包，就不会允许孩子优先挑选奶糖。等买完牛奶和面包，如果还有零钱，会和孩子讨论买什么样的奶糖。这么做，除了让孩子有选择地消费，还要让她明白一个更深刻的道理——机会成本。钱只有这么多，只能买一样东西，该怎么办？

她还特意提到一个细节：

一次她跟好朋友约好了带两个孩子游泳。路上经过一家儿童玩具店，正好一个小朋友抱着一个漂亮的手工玩偶从店里跑出来。女儿一直盯着那个小朋友怀里的玩偶，然后开始央求她：“妈妈，我们也去买一个玩偶吧，多漂亮啊，是不是？”她没有直接拒绝，而是跟女儿说：

“可以啊。不过今天妈妈带的钱不多，如果我们买了玩偶，等会儿就不能跟妞妞一起游泳了，我们只能回家了。你觉得呢？”女儿不说话了，好像真的在思考该怎么选。

过了一会儿，女儿告诉妈妈：“妈妈，我还是跟妞妞游泳吧。”“你想好了吗？那妈妈下次多带点儿钱给你买玩偶。”下一次再经过那个玩具店，她真的带女儿去买了那个手工玩偶。

这个妈妈说，我想让孩子明白，世界很大，每个人想要的东西都很多，很重要的一点是学会如何取舍。花钱不仅需要取舍，人生更需要取舍。

※ 省钱不如挣钱

去超市买东西，有时候人们图方便，也为了省点儿停车费，就把车停在路边。结果买完东西出来，发现车因为违章停车被贴罚单了。为了省了 10 元，结果被罚了 100 元。

有的餐厅老板发现餐桌上的调料用得非常快，于是特意换成了那种口儿很小的调料瓶，每次只能倒出几滴。有些客人嫌麻烦，直接拧开瓶盖往外倒，调料消耗得更快了。

海底捞很好吃，排队很煎熬。为此海底捞在排队区准备了大量的水果、小吃、饮料供顾客免费享用，有时不免让人担心这样他们会不会亏本。但是2017年海底捞营收106亿元，并于2018年成功上市。

很多时候看上去省了钱，结果花了更多；看上去花了大钱，却创造了巨大的效益。这其中的差别就是：花钱的智慧。

家长要教育孩子花钱不能大手大脚，消费要量入为出，尤其当支出和收入不成正比的时候，节流起码不会让自己非常被动，不会让生活失控；在经济条件好的情况下，节流不再是为了省钱，更侧重培养孩子做事的计划性，让他们学会控制自己的行为和欲望，因为这样才能更好地掌控人生。

但是一味地教育孩子省钱、节俭，并不是真正的财商教育方法，给孩子灌输“花钱是罪恶的”观念更是错误的。更重要的是，如果一个人养成了省钱思维，就会把太多的精力放在柴米油盐的精打细算上，即使机会来临，也不敢去冒险，他们会被巨大的资金缺口吓到，因为害怕失去，所以选择放弃。

在生活中，我们经常看到很多为了省钱去浪费时间的例子。有人为了买衣服省钱在淘宝上不停地逛，就是为了货比三家；有人上班时间不停摆弄手机，让亲戚朋友帮她集赞领小礼品；有人早晨去见客户，为了省打车钱挤公交车，到了客户那儿一身臭汗还迟到了……太多人拿时间换金钱，却不懂得时间才是最宝贵的，因为时间可以创造更多的金钱。把时间节省下来投资自己、提升自己，读书、参加培训、学习新东西、接触新事物，只有让自己更有价值，才能创造更多的财富。

美国摩根财团的创始人约翰·皮尔庞特·摩根非常重视子女的教

育，尤其是财商的培养。他规定：孩子们必须通过干家务活来获得每月的零花钱。小儿子托马斯因为年纪小经常抢不到活干，所以每个月的零花钱不多，他很少买零食吃，非常节俭。父亲知道后对托马斯说：“节流很重要，但是开源更重要。你不要老想着怎么省钱，你要多琢磨怎么才能挣钱。”一句话点醒了托马斯，后来他想了很多干活的点子，广开财源，零花钱也渐渐多了起来。

父母要培养孩子节俭的美德，但是不能让孩子养成在小事上斤斤计较的思维模式。与其把太多心思都放在如何省钱上，不如拓宽思路琢磨如何赚钱、投资、提升自己，这才是真正决定未来财富差距的关键要素之一。

※ 让孩子远离金钱的沉重和匮乏

“锄禾日当午，汗滴禾下土。谁知盘中餐，粒粒皆辛苦。”

唐朝诗人李绅这首《悯农》诗，千百年以来妇孺皆知、争相传诵，也是很多父母教育孩子节约粮食，不要浪费的启蒙诗。

父母需要让孩子明白“钱不能乱花”“挣钱很辛苦”的道理，但是过度强调“我们家没钱”“爸妈挣钱很辛苦”“有钱要省着花”，反而会给孩子制造金钱的匮乏感和花钱的愧疚感，即使父母满足了孩子的购物愿望，他们也不能发自内心地感受到快乐，甚至过早地背负起金钱的沉重感。

父母对金钱的态度，决定着孩子对金钱的态度。

一位妈妈发现，给女儿买洋娃娃时因为反复强调娃娃很贵要爱惜，不要弄坏，孩子就会变得小心翼翼，甚至把洋娃娃束之高阁，一年都不会拿出来玩几次，大多数时间娃娃就是躺在柜子里，这完全违背了当初买它的初衷。还有一个妈妈总是教育儿子不要浪费颜料，结果儿子只用画笔，买了颜料也不用，造成了更大的浪费。

为什么会这样？因为孩子对父母传递的信息非常敏感，当父母过分强调金钱，孩子接收到的就是制约和沉重，他们一碰到这个东西就会压力很大，所以宁愿不碰。这样的孩子长大后也无法摆脱金钱的沉重，挣了钱也不能轻松享受，因为花钱会感觉愧疚，比如女孩子赚钱后会给自己买大量护肤品，却舍不得用，最后都过期浪费了。

教育家说：“使孩子品行好的最好方法，就是使他们愉快。”咨询中遇到一个全职妈妈，她的儿子 4 岁，内向胆小，见人从不打招呼，也不愿意跟人分享零食或者玩具。因为长期被限制吃糖，孩子对奶糖表现出极大的痴迷。这位妈妈开始反思，觉得自己的管教过于严苛，于是她带着孩子去超市买了各种奶糖。

孩子开始不敢相信，当他确认所有的奶糖都是买给自己的，顿时快乐得像一只要起飞的小鸟。他一路上不停地说话，遇到人就打招呼，还罕见地主动给邻居的小朋友分糖。她突然想到了曾经在网上看到的一句话：如果我能吃两块巧克力，你却愿意给我 10 块，剩下的 8 块都在说“我爱你”。

有时候，父母用钱满足的不仅是孩子一个小小的愿望，更是丰盈孩子内心的机会。要求得到及时的满足和回应，会传递给孩子这样的信息：我的愿望很美好，我值得拥有一切美好的。这种充沛的能量和满满的幸福感带给孩子的是天堂般的快乐，让他们的欲求流动而不执拗，这样的孩子长大后不会为了金钱和物质迷失自己，人生追求不会只停留在挣钱的层面，他们的精神世界更富足、更高贵。历史上很多杰出的艺术家大多出身富贵之家，这也是现在很多人提倡“富养孩子”的重要性。

那些童年总被亏欠的孩子，活得沉重而压抑，巨大的匮乏感会在他们心里逐渐凝结成一个黑洞，成年后再幻化成真正的“欲壑难填”。一个带着匮乏感长大的孩子，进入社会后也无法彻底摆脱这种匮乏，一旦有机会就变得贪得无厌，以弥补童年的不足。

所以孩子的欲求，不能毫无节制，但是有能力满足的时候，就要轻松愉快地满足。没有能力满足，就直接告诉孩子：我暂时没有能力满足你，但是妈妈爸爸会通过劳动和奋斗一步一步帮你实现愿望。父母不需要完美，但是要诚实，同时向孩子传递一个正能量：现在没有，通过努力，我们可以拥有。

认识一个这样的朋友：小时候家里一贫如洗，一年才能吃上一顿肉，但是妈妈总是尽最大努力保持生活中的仪式感。还会时不时给孩子们带回一些漂亮的小玩意儿，每次孩子过生日，即使没有钱买礼物庆祝，心灵手巧的妈妈也会缝制一些漂亮的小背包送给“小寿星”，当孩子们特别想吃鱼的时候，妈妈会在蒸馒头时特意做几个鱼形状的馒头，逗得孩子们哈哈大笑……兄妹几个并没有因为经济上的拮据而活得沉重压抑，相反，他们的成长轻松快乐、充满欢笑，长大后兄妹几个气质如兰。

不要再对孩子的愿望视而不见或者冷言拒绝，告诉孩子你值得所有美好的东西；不要再向孩子抱怨家里没钱，用你的努力奋斗给家人的生活带来改变；不要再跟孩子唠叨挣钱多难，跟他们分享自己工作获得回报的成就感以及你为家庭付出的自豪和幸福。那么未来的人生中，孩子会物质丰盛而不痴迷奢靡享受，生活拮据却依然乐观积极。为了孩子未来精神和物质的丰盛，不要再对他们传递金钱的匮乏和沉重，而是将希望与丰盈传递下去，让孩子们内心更加富足，精神更加愉悦，品行更加优秀。

财商教育之存钱

> 不要在花钱后再储蓄；要在储蓄后再消费。
>
> ——巴菲特

※ 放弃当下，延迟满足

众所周知，犹太民族是世界上最有智慧的民族。在经济、科学和艺术方面，犹太民族涌现了大批杰出的人才，诺贝尔奖获得者中犹太人所占的比例远超其他民族；犹太民族是世界上最富有的民族，素有“世界的金穴”之美称，犹太人仅占世界人口的 0.3%，但拥有世界上 30% 以上的财富。不管是金融界还是商业界，犹太人都独占鳌头，百万、亿万富翁不乏其人。

为什么？只是因为他们拥有一个聪明的大脑吗？

那当然是一个很重要的原因，更重要的是，犹太父母非常重视对孩子财商的培养。犹太人的财商教育，堪称世界范本。

犹太人从来不认为赚钱是长大以后才需要掌握的本领，“从娃娃抓起”才是最好的财商教育方式。对于他们来说，财商不仅是一种掌握财富的能力和素质，更是一种应该融入性格的人生智慧。

财商教育中非常重要的一点，是培养孩子延时满足的能力，或者叫作延后享受能力。就是指延期满足自己的愿望和要求，以追求未来更大回报的能力。延时满足能力，也就是为获得长远、更大的幸福和利益，能够适当牺牲当下、延迟享受快乐的能力。犹太父母经常教育孩子：“如果你喜欢玩，就需要赚取你的自由时间，这需要良好的教育和学业成绩。等你找到很好的工作、赚到很多钱以后，你可以玩更长的时间，玩更昂贵的玩具。如果你搞错了顺序，整个系统就不会正常工作，你就只能玩很短的时间，最后的结果是你拥有一些最终会坏掉的便宜玩具，然后一辈子就得更努力地工作，没有玩具，没有快乐。”延时满足是犹太人财商教育的核心，也是犹太人财富成功的最大秘密。

为了更有价值的结果和更大的幸福，放弃当下的“立即满足”，牺牲马上就可以获得的快乐，这就需要“延时满足”的能力，帮助自己做出恰当的选择。这正是高财商的表现。

对于延时满足能力，很多父母会有误解，觉得延时满足就是，孩子饿了，也不让吃饭，要等上半个小时；孩子想看动画片，也要故意拖上一个小时。这只是在锻炼孩子的忍耐力，延时满足不是单纯让孩子等待，或者一味压制孩子的欲望，而是一种克服当前的诱惑或者放弃眼前较小利益，以期获得未来长远利益的能力。

追求当下的幸福，享受眼前的快乐，这是人的本能，大多数人都是这样。在财商教育的过程中，当孩子手里只有较少的零花钱，到底是用较少的零花钱享受眼前较小的快乐，还是延后快乐，通过存钱达到较大数目时享受未来更大的快乐，这就需要强大的“延时满足”能力，但延时满足能力的培养不是一蹴而就的，需要从小开始。

※ 合理存钱，为未来做准备

说到“延时满足”能力，就不能不提到延时满足能力的理论起源：米歇尔的棉花糖实验。所以延时满足能力也是自控力的体现。在财商教育中，延时满足的具体体现就是通过存钱储蓄，延后满足孩子的购买愿望。

如果孩子想要买一样东西，发现自己的钱不够，怎么办？节约、储蓄，学会控制欲望，学会怎么合理用手上的钱，就不会放任欲望支配头脑。例如，孩子用一周的零花钱只能买一辆玩具小车，但是如果他把一个月的零花钱存起来，就可以买到一套高级的乐高玩具，当他意识到乐高比小车更让自己快乐，晚一点儿得到的满足比当下的满足更强，他就会放弃当下，愿意延迟享受；另外，延时满足不仅需要行动起来，还需要在行动中的坚持。比如，为了更爱的乐高玩具，孩子能坚持四周不乱花钱。

如果你的孩子特别喜欢游泳，不妨让孩子用自己的零花钱支付游泳卡费用。为了多游一次，他就要减少其他开销，比如少花点儿钱在零食上。当孩子用存下的零钱支付游泳费用的时候，他克服的不仅是吃零食的诱惑，提高的不仅是自控力，还有“存钱—消费”的理财观念和有计划的消费习惯。

在培养延时满足能力的时候，和孩子商量每次存钱的数目、存钱的固定时间，同时对于年纪较小的孩子来说，为了一样东西存钱的次数不宜太多。时间拖得多久，存钱的次数太多不利于激发孩子的积极性，孩子对存钱会失去兴趣。

储蓄是积累财富的基本方法。美国著名的教育专家戈弗雷在谈到储蓄原则时指出：“孩子可以把自己的钱放在3个罐子里，第1个罐子里放的是零花钱，用于日常开销，购买在超市和商店里看到的‘必需品’；第2个罐子里放的是短期储蓄，为购买贵重物品攒钱；第3个罐子里放的是长期储蓄，要存在银行里。”

父母要给孩子制订简单的储蓄计划。很多银行都开设了针对儿童的账户，可以带着孩子去办一张银行卡，建立孩子自己的“小银行”。当孩子看到存折上印有自己的名字时，会瞬间觉得自己长大了，有利于培养孩子的责任感和增强孩子的自控力。在银行给孩子开户的另外一个好处是，孩子能充分理解，钱不是随便从银行取的。必须先把挣来的钱存进去，到一定时间取出来，才能得到更多的钱，这其中就包括利息。

注重培养孩子良好的储蓄习惯，孩子的理财观念会逐渐萌芽。罗杰斯是当代华尔街的风云人物，他专门给孩子开通了银行账户，要求她们“必须用自己的钱买东西”。一次大女儿发现妹妹存的钱比自己的多，就很不高兴，罗杰斯就教育她：“是你自己把钱都拿去买了芭比娃娃，这怪不得别人。”从此大女儿也开始积极存钱了。

中国孩子在成年之前能支配的钱，基本上来自父母给的零花钱和春节时的压岁钱。这些也是父母培养孩子“延时满足能力”的重要工具。如果能够在18岁之前给孩子培养出这样一种观念——资源是有限的，不要一次性把自己掌握的所有财务资源投入到当下的需求中，而是为更重要、更有价值的未来做准备——父母的财商教育就很成功了。

财商教育之看待钱

不是你的钱越多你就越快乐，而是爱你的人越多你就越快乐。

——巴菲特

※ 钱不是万能的

生活离不开钱。每个人的吃、穿、住、用、行，孩子的成长、教育都需要钱，梦想的实现也需要钱的支撑。就如《小狗钱钱》中所说的："金钱能成为我们生活中非常强大的助推力。金钱可以在一定程度上提高我们的生活水平。有了钱，我们就更容易实现自己的目标和梦想。"

金钱让自己过得更好，也让我们有能力帮助别人过得更好；我们可以不依赖别人，更不会为了金钱牺牲宝贵的东西；富裕的人不过分虚荣，他们更理性地生活，独立、自强、有主见、有底气，因为他们有能力做自己想做的事，过自己想过的生活。

就像著名儿童心理学家尤尔根·齐穆尔教授在《自力更生——写

给成年人的后记》中写的那样："赚钱不是一件坏事，它可以为自己和他人带来好处。从小开始赚钱的人拥有对依赖思想的抵抗力，不会乐意让别人来养活自己，而且自己赚钱的人不会成为不断膨胀的消费欲望的奴隶。"

金钱可以帮助我们做很多事情。但是父母同样要让孩子明白：金钱不是万能的。

有一个朋友，很注重对孩子财商的培养，但是也教育孩子正确看待金钱。孩子的外婆生病住院，朋友带孩子多次去医院探望。朋友的好友从生病到过世，只要孩子有时间，她去医院探视也会带着孩子。一来，教育孩子要多关爱他人；二来，也是让孩子明白金钱不是万能的。

金钱固然重要，但是没有健康，金钱一文不值。金钱买不来健康，也换不来亲情、友情和爱情。美国"钢铁大王"卡内基就曾告诫孩子们："如果我特别大方，给你们很多钱，那你们可能只记得我的钱，记不住我这个人。如果我特别抠门，可能也得不到你们对我的感情，所以我宁愿多花些时间关心你们，培养人与人之间的感情。因为在关爱面前，金钱就显得无能为力了。你们应该牢记最能打动商人心的不仅是价格，还有感情。"我们需要钱，但不能过分依赖，更不能被钱控制，否则人生就会被套上枷锁。许多人都是因为过于看重钱，从而失去了人生中最重要的东西。

朋友说，我希望孩子明白两个道理：钱很重要，但不是最重要的；钱可以买很多东西，但买不到所有。

※ 金钱是附属品

彼得·巴菲特是著名音乐家、艾美奖获得者。但是，他还有一个非常有名的身份——“股神”沃伦·巴菲特的儿子。在他的新书《做你自己》的中国首发现场，彼得为中国读者还原了一个生活中孩子们眼中的沃伦·巴菲特。

彼得谈到，与很多人想象中的富二代生活完全不同，自己小时候要走着上学，没有豪车接送。大学毕业后开始独立生活，不仅要负担工作室的开销，还要面临房贷的压力。在他为一部音乐剧的巡演筹款的时候，很多人非常不理解：巴菲特的儿子怎么会缺钱？事实上，父亲从没有给子女开过一张支票，他和哥哥姐姐都是通过自己的奋斗开创了事业并拥有了幸福的生活。从这个角度来说，他和普通人家的孩子没什么太多不同。

但是，作为“股神”的孩子，彼得坦言自己是幸运的。虽然父亲没有留给他巨额的财富，但是教会了他最有价值的人生哲学——人生最重要的是靠自己，靠自己创造财富，靠自己经营人生。同时，父亲还教会他正确看待金钱，不要被金钱所累。

尽管巴菲特是世界首富，但生活非常简朴，至今依然住在老房子里，生活方式也没有太大改变。彼得还描述了一个细节：“每当自己去探望父母，总会看到父亲穿着宽松的睡衣坐在椅子上，吃着简单的三明治和烤土豆片。”2018 年，巴菲特再次向五家基金会捐赠了价值

34 亿美元的伯克希尔股票，截至目前累计捐赠了 310 亿美元。在一个捐款数目不是以百万千万为单位，而是以亿为单位做慈善的老人的生活中，你根本看不到任何奢华的场面。

在新书发布会上，主持人问彼得："你为什么没有继承父亲的事业？"彼得回答说："我虽然没有从事和父亲一样的职业，但是我继承了父亲的信仰，有一点我们父子是相同的：我们都热爱自己的事业，享受每天所做的工作，这就是真正的成功。"彼得说："父亲经常告诫我们几个孩子：人生最重要的是追求幸福和快乐，金钱是幸福和工作的自然产物，而不应该成为你的工作、甚至人生的导航。"

金钱是工作的副产品，真正重要的是工作的实质，这才是快乐的源泉。金钱不能买来幸福，有些工作薪水低，但能给予自己更大的快乐和满足感。如果工作带来很多财富，但是牺牲自己的快乐，这样的生活又有什么意思呢？彼得有一对双胞胎女儿，他又将这样的人生哲学传递给了女儿。如今她们在旧金山的零售店里做售货员，自食其力，过得非常快乐。

※ 有一种家庭教育叫"带着孩子做公益"

除了自己热爱的音乐事业，彼得·巴菲特还与妻子共同管理着一家基金会，主要是为世界各地的弱势妇女和女孩提供援助和捐款。对此，彼得引用父亲说过的一句话："我承诺捐掉 99% 的资产。即使我们在自己身上花的钱多于 1%，幸福感并不会因此加强。然而，当我们把这些钱捐献给社会，却能对他人的健康与福祉产生莫大的影响。所以留下的财富够花即可，其余的赠予社会，去满足更多需求。"

国外家长会教育孩子把零花钱分为三类：一部分作为零花钱，另一部分作为定期储蓄，最后一部分作为捐赠。这样的安排其实大有深意。人的生活需要正常的消费，零花钱的部分，要量力而行；定期存款是为了预防不时之需，人有旦夕祸福，紧急用钱的时刻，定期存款可以解燃眉之急，让生活更有保障；捐赠的部分是为了培养孩子的爱心，愿意与人分享，同时也能减轻孩子对金钱的贪念。父母可以带头，鼓励孩子用自己劳动所得帮助需要帮助的人，比如积极参加幼儿园或社会上的公益捐赠活动。

如今"带着孩子做公益"成为社会新风尚，比如在上海联劝公益基金会发起的亲子公益徒步活动——"小小暴走，星际穿越"之旅，就吸引 500 多个家庭，超过 1500 人参与其中。在过去的三年里，这项活动得到了很多有爱心、有情怀、有社会责任感的家庭的支持，并筹得善款 100 多万元，为超过 5000 名老人提供了包括陪诊、义诊、家政、敬老院基础设施修缮、失独老人心理疏导等多项服务。

谈到为什么愿意带着孩子参与公益，一些父母表达了自己的意见。有的父母之前在国外留学，发现很多国外的孩子从小就参与慈善公益活动。尽自己的能力帮助别人，让孩子体会到帮助别人的快乐和成就感，对孩子个性的塑造非常有帮助。

有的家长认为，现在的孩子是家庭的中心，获得的宠爱太多，受不得委屈，经不起挫折。帮助别人，可以帮助他们从自己的问题中跳脱出来，用新的角度去看世界，让他们心胸更宽广，对自己拥有的东西心怀感恩，也有更多的机会去表达自己的爱。

带着孩子做公益，看上去好像占用了很多学习和休息的时间，还要捐钱捐物，但是孩子们从活动中获得的心态提升、经验积累、观念转变是很难用金钱衡量的。这也是越来越多的父母愿意带着孩子一起参与公益活动的重要原因。

培养良好的财商，掌握管理财富的知识，拥有经营财富的智慧，不是遥不可及，也不是世俗虚荣。金钱就像浇灌人生的雨露，对金钱的良好掌控可以让我们的人生花团锦簇，鲜艳夺目。拥有正确的财富观，做金钱的主人，孩子才能在将来走得踏实稳健，才能不辜负父母的期望，更不亏欠自己的人生。